本书获得厦门理工学院学术专著出版基金资助

HANDAI
SHEHUI
JIUJI
WENTI
YANJIU

汉代社会
救济问题研究

林兴龙 / 著

厦门大学出版社　国家一级出版社
XIAMEN UNIVERSITY PRESS　全国百佳图书出版单位

图书在版编目(CIP)数据

汉代社会救济问题研究/林兴龙著.—厦门:厦门大学出版社,2017.12
ISBN 978-7-5615-6832-3

Ⅰ.①汉⋯　Ⅱ.①林⋯　Ⅲ.①社会救济-历史-中国-汉代　Ⅳ.①D691.9

中国版本图书馆 CIP 数据核字(2017)第 307312 号

出 版 人	蒋东明
责任编辑	牛跃天
封面设计	张雨秋
技术编辑	朱　楷

出版发行 厦门大学出版社

社　　址	厦门市软件园二期望海路 39 号
邮政编码	361008
总 编 办	0592-2182177　0592-2181406(传真)
营销中心	0592-2184458　0592-2181365
网　　址	http://www.xmupress.com
邮　　箱	xmup@xmupress.com
印　　刷	厦门市金凯龙印刷有限公司

开本	720mm×1000mm　1/16
印张	11.25
插页	2
字数	173 千字
印数	1~1 000 册
版次	2017 年 12 月第 1 版
印次	2017 年 12 月第 1 次印刷
定价	41.00 元

本书如有印装质量问题请直接寄承印厂调换

厦门大学出版社
微信二维码

厦门大学出版社
微博二维码

摘　要

　　社会救济属于社会保障的范畴,是指国家和社会以多种形式对因自然灾害、意外事故和残疾等而无力维持基本生活的贫困者提供必要的生活资助、福利设施的社会行为。汉代是中国继秦朝之后的大一统封建王朝。汉代的社会救济制度随着时代的发展而发展。汉代的社会救济为汉代以后各朝社会救济提供了模本。本书采用历史学与社会学相结合的研究方法,重点探讨两汉灾害救济、弱势群体救济、民间慈善救济和社会救济的特点比较等问题。

　　全书共分八章:

　　第一章对汉代自然灾害次数统计进行辨误。关于汉代自然灾害的次数,已有不少学者进行统计,但这些统计数字有误,都不能真实反映两汉灾害发生的真实情况,故有必要重新梳理史料,对这一数据进行校正。

　　第二章探讨两汉救灾的职官、财政及相关的奖惩制度等问题。

　　第三章为两汉灾害救济的措施及其评价。这一问题学界已取得很大的研究成果,但仍有进一步探讨的余地。如作为灾害预防的措施之———仓储制度,就包括常平制度。常平制度无论在平准物价方面还是在灾荒救治方面都发挥了一定的作用,但学界对此问题缺乏进一步的研究。另外,治理河患是救灾措施之一,但学术界很少有涉及此问题。本章对这两个问题作了详细的分析。

　　第四章为对社会弱势群体的救济。本章从残疾者救济,优恤妇女、儿童,养老制度,一般贫困救济等方面来研究这一问题。

　　第五章为对贫困官吏和寒士的救济。由于某些原因,他们往往陷入贫寒的境地,因此也是政府救济的对象。

第六章为两汉民间的慈善行为。两汉时还不存在政府组织的慈善事业,但是,民间自发的慈善行为,在两汉已经普遍存在了。本章从两汉个人慈善行为、宗族救济、民间互助组织、邻里互助四个方面来阐述这一问题。

第七章对以往学界所忽略的两汉社会救济的不同特点进行比较。希望此研究能对今后相关问题的研究起到抛砖引玉的作用。

第八章为汉代社会救济的历史启示。汉代社会救济的内容和模式,奠定了中国古代封建社会保障体系的基本框架,对后世有重要的借鉴意义。

关键词:汉代;救济;灾害;慈善;宗族;启示

目　录

绪　论

一、社会救济的含义及其相关概念

社会救济属于社会保障的范畴。目前,学界对"社会救济"的概念提法大同小异。《辞海》解释为:"国家和社会对于无法维持生活的公民的救济。"[①]《中国大百科全书》定义为:社会救济是"国家和社会对贫困者提供最低水平生活需求的物质援助,并增强他们适应社会生存能力的一种社会保障制度"[②]。张文认为,社会救济是"国家和社会通过对国民收入的分配、再分配,对社会成员因各种原因导致的生活困难予以物质援助的社会安全制度"[③]。吴增基认为,社会救济是"对遭受自然灾害和其他不幸事故的受害者,以及不是主观因素引起的生活在贫困线以下的困难户提供物质的赈济性活动"[④]。本书采用的"社会救济"的定义是指国家和社会以多种形式对因自然灾害、意外事故和残疾等原因而无力维持基本生活的贫困者提供必要的生活资助、福利设施的社会行为。不过,近年来,人们多把"救济"等同于"救助"。"社会救助"一词的使用频率较高,是现在通行的叫法。

目前,学界对"社会救助"的看法趋于一致。江亮演认为,社会救助"是对需要救助者,由国家或社会大众给予救济与扶助的意思,也就是以社会力量共同来救助无生产能力之不幸或扶助、援助那些虽有生产能力但却因

---

① 夏征农:《辞海》,上海辞书出版社1990年缩印本,第1782页。

② 中国大百科全书总编辑委员会《社会学》编辑委员会:《中国大百科全书·社会学卷》,中国大百科全书出版社1991年版,第310页。

③ 张文:《宋朝社会救济研究》,西南师范大学出版社2001年版,第4页。

④ 吴增基、吴鹏森、苏振芳:《现代社会学》,上海人民出版社2014年版,第374页。

一时遭遇困危的不幸者之意"①。他还认为社会救济是一种社会福利。郑功成认为,社会救助是指"国家与社会面向由贫困人口与不幸者组成的社会脆弱群体提供款物接济和扶助的一种生活保障政策"。其外延包括"灾害救济、贫困救济和其他针对社会脆弱群体的扶助措施"②。时正新认为,社会救助是"在公民因各种原因导致难以维持最低生活水平时,由国家和社会按照法律的程序给予款物接济和服务,以使其生活得到基本保障的制度"③。陈桦、刘宗志认为社会救助"是在公民因各种原因导致生活发生困难,无法维持基本生活水准时,由政府和社会组织提供物质援助和服务的一种社会活动和行为"④。万志前认为,社会救助是指国家和其他社会主体对于遭受自然灾害、失去劳动能力或者其他低收入公民给予物质帮助和精神救助,以维持其基本生活需求,保障其最低生活水平的各种措施。⑤胡芳肖认为,社会救助是指通过立法由国家或者政府对由于失业、疾病、灾害等原因造成收入中断或者收入降低并陷入贫困的人员或者家族实行补偿的一种社会保障制度。⑥有些学者认为,社会救济和社会救助存在区别:社会救济内容过于单一,以赏赐或施舍为根本理念,具有随意、慈善、施舍、临时、消极、被动的特点,只解决一时的生活困难,其所指的内涵较小,在实践上包括救灾与济贫的措施;社会救助是以维护社会成员的基本权利为根本理念,是程序化、制度化、积极主动的扶贫活动。除了物质援助外,还包括精神援助,救助与救济的关系是包含与被包含的关系。⑦ 笔者认为,社会救济和社会救助没有本质的区别。两者的共同之处,即实施救济

---

① 江亮演:《社会救助的理论与实务》,桂冠图书公司1990年版,第1~2页。

② 郑功成:《社会保障学:理念、制度、实践与思辨》,商务印书馆2000年版,第14页。

③ 时正新:《中国社会救助体系研究》,中国社会科学出版社2002年版,第2页。

④ 陈桦、刘宗志:《救灾与济贫——中国封建时代的社会救济活动(1720—1911)》,中国人民大学出版社2005年版,前言第1页。

⑤ 万志前、廖震峡:《劳动法与社会保障法》,清华大学出版社2014年版,第242页。

⑥ 胡芳肖:《社会救助理论与实务》,西安交通大学出版社2015年版,第2页。

⑦ 多吉才让:《中国最低生活保障制度研究与实践》,人民出版社2001年版,前言第2页;江亮演:《社会救助的理论与实务》,桂冠图书公司1990年版,第4页;时正新:《中国社会救助体系研究》,中国社会科学出版社2002年版,第8页;陈桦、刘宗志:《救灾与济贫——中国封建时代的社会救济活动(1720—1911)》,中国人民大学出版社2005年版,前言第2~3页。

的主体是国家和社会;受助的对象是所有无力维持基本生活和暂时困难的民众;救济的目的是帮助贫困民众摆脱困境,以稳定社会秩序,维护社会安全。救济与救助都是一种对社会困难群体进行扶助,以维护社会秩序,保障社会安全为最终目的的社会活动。"两者的区分主要限于理论分析,在实践中并不如理论分析所显示的区分程度那么大"①,在实际工作中,它们并没有本质区别。在概念上,"救助"更突显"助"的作用。从传统的社会救济上升到现在普遍采用的社会救助,一方面,反映了扶贫济困的理念随着社会的发展与时代的进步而不断地深化,内涵更加丰富的现实;另一方面,"为推动社会力量承担更多的社会保障责任,综合运用各种救助措施。使用社会救助的概念更有力度一些"。所以有学者认为,这种概念"似乎侧重于实用主义角度对社会救济的理解"②。

关于"救荒"和"救灾"的含义,一般认为是指国家和社会对因各种灾害导致饥荒的地区和人群进行施救的社会活动。邓云特认为救荒"包括为防止或挽救因灾害而致社会物质生活破坏之一切活动也"③。我国古代称之为"荒政"。"荒政"二字,最早见于《周礼》:"以荒政十有二聚万民。"④据《周礼》记载,西周时期政府就已设立兼管救灾事务的官职——司徒,规定了十二条救灾措施。秦汉以降,社会救济逐渐成为地方政府的重要社会事务。这一事务除了灾前仓储备荒、因灾赈济粮食、减免赋税、治理水患、以工代赈、节减费用等以外,还包括养恤鳏、寡、孤、独、残疾者的济贫措施。这些做法已超出了单纯的应付一时之需的社会救济的范围。从性质上讲,这些措施有的不属于救济范畴,它们不但起到拯救饥民于死亡边缘的作用,而且为灾民提供和创造了相应的社会环境和条件,帮助人们提高抗御各种灾害、摆脱灾荒威胁的能力。

目前,古代社会保障逐渐受到学界的关注。一些学者用"社会保障"来

---

① 曹明睿:《社会救助法律制度研究》,厦门大学出版社2005年版,第27页。
② 多吉才让:《中国最低生活保障制度研究与实践》,人民出版社2001年版,前言第2页。
③ 邓云特:《中国救荒史》,商务印书馆1998年版,第3页。
④ (汉)郑玄注,(唐)贾公彦疏、彭材整理:《周礼注疏》卷十,上海古籍出版社2010年版,第361页。如没有特别说明,以下注释中的《周礼注疏》均为同一版本。

取代"社会救济",①这种提法值得商榷。笔者认为,现代意义上的社会保障是指国家通过立法对国民收入进行分配和再分配,对社会成员特别是年老、疾病、伤残、失业、生育、死亡、遭遇灾害的特殊群体给予帮助,以保障人们的基本生活权利,提高人民生活水平,实现社会公平、和谐发展的社会安全制度。其基本内容包括:(1)社会保障是通过立法,由国家强制实施的;(2)享受社会保障是每个公民的权利,也是国家和社会应尽的责任和义务;(3)保障的对象是全体公民特别是老弱病残者、对国家做出贡献的本人或家属等群体;(4)社会保障的主要目的是保障公民最低生活水平;(5)社会保障的价值在于实施社会公平以维护社会安全。社会保障与社会救济在含义和范围上存在共同之处,但在性质上仍存在重要的区别:首先,社会保障是生产社会化的产物,其产生与完善是生产力发展到一定阶段的产物和客观要求。该词最早出现在 1935 年美国总统罗斯福签署的《社会保障法》里,以后为世界各国所采用,是一个涵盖社会、经济、法律、文化意义的概念。其次,社会保障不仅给社会成员提供最低的生活日常保障,还在此基础上,提高公民的生活水平和质量。再次,社会保障不像社会救济是政府对贫困群体的援助和民间的救济行为,它还需要参保的社会成员缴纳保险费。这不仅体现了政府与公民间权利与义务关系,更体现了双方共担风险与合作的关系。复次,相对社会救济而言,社会保障更加强调防御性。"即在社会成员尚未发生困难之前,预先采取防护性措施,从而保障社会成员不至于生活在贫困线以下。"②最后,社会保障是一项制度,体现一种法律精神。社会保障不再是单一、临时的施舍活动,而是以立法的形式被确认为国家意志,是公民应该享有的权利。而我国古代的社会救济没有法律做保障,直到近现代才先后制定出类似社会救济的法规。③

通过以上分析,本书以"社会救济"为题,而非"荒政"、"社会救助"、"社

---

① 王文涛:《秦汉社会保障研究——以灾害救助为中心的考察》,中华书局 2007 年版,第 1、310 页。

② 张文:《宋朝社会救济研究》,西南师范大学出版社 2001 年版,第 3 页。

③ 中国近现代的救济法规主要有:1869 年清政府颁布的,标志社会救济由法律取代诏书的《灾伤蠲赈办法》;1915 年国民政府内务部颁布的旨在解决日益突出的游民问题的《游民习艺所章程》。而 1943 年 9 月国民政府公布的《社会救济法》是我国第一部正式的社会救济法。

会保障"等,原因如下:

(1)汉代政府除了逢灾赈济外,还在平时实行贫困救济,抚恤弱势群体等措施,这已超出了"荒政"、"救灾"的范畴。

(2)虽然"社会救助"与"社会救济"没有本质的区别,但"社会救助"主要是从社会学的角度来理解社会救济。它反映了现代扶贫济困理论的深化,是为"推动社会力量承担更多的社会保障责任"而采用的提法,更侧重于实用性。

(3)虽然社会福利和社会优抚在汉代已具雏形,但是,享受福利和优抚的对象大多是政府官员和为国家做出贡献的士卒及其家属,广大的农民并不享有这种权利,而且汉代尚未有社会保险。

(4)汉代对弱势群体缺乏长期的扶助,救济措施缺乏持续性,具有很大的局限性。可以说,汉代的社会救济是我国救济事业的初兴时期,使用"社会救济"一词,无疑比使用"荒政"、"社会救助"、"社会保障"更符合汉代的实际情况。

二、选题缘由

(一)理论意义

社会救济是中国历史上一个重大的问题。如果能够对古代的社会救济制度做进一步考察和研究,那么,其研究成果既可以为现代社会救济提供借鉴,又可以为丰富和充实社会保障制度的内涵提供更具说服力的理论支撑。[①]"汉代为中华文化的定型期,此期所形成的社会制度和文化精神,奠定了中国文化的基础,长期支配着中国历史的发展方向。"[②]两汉时期的社会救济和救济思想也是如此,虽然还有不足之处,但是它毕竟使贫弱无助者得到一定的救济和慰藉,标志着中国社会救济历史进入一个新的发展阶段,其思想精髓和制度一直为后世所传承,促进了中国传统社会救济思想和救济制度的发展。因此研究汉代的社会救济不仅可以推进中国社会救济史的研究,还可以"丰富社会分层、社会结构、社会保障及社会组织等

---

① 曹明睿:《社会救济法律制度研究》,厦门大学出版社2005年版,第12页。
② 黄宛峰等:《河南汉代文化研究》,河南人民出版社2000年版,第59页。

理论"[1]。

(二)现实意义

社会救济不仅是社会化的产物,也是贫困的产物。贫困问题是当今国际性问题,已成为影响世界和平与发展的重大障碍。就中国而言,贫困是全面建成小康社会的主要制约因素。当前,我国贫困人口达 3000 多万,[2]数量庞大,两极分化比较严重,这不仅制约了经济的发展,而且威胁社会的稳定。解决贫困问题也成为中国历届政府民政工作的重中之重,早在2003 年就被列入全国人大立法规划的"社会救济法"已正式由民政部门组织起草,这表明我国规模庞大的社会弱势群体的救济问题,终于被提到了国家基本立法的层面上,开始进入了我国高层公共决策的视野。2008 年国务院的 62 件立法项目中就有抗旱条例和提请全国人大常委会审议的残疾人保障法、防震减灾法等三项涉及社会救济的法律;2012 年 9 月,国务院制定了《关于进一步加强和改进最低生活保障工作的意见》,强调了加强和改进最低生活保障工作的七项政策措施,并对今后一个时期加强和改进低保工作的总体要求、基本原则、政策措施和保障措施做出了全面部署;2014 年 2 月,国务院颁布了《社会救助暂行办法》(以下简称《办法》),自2014 年 5 月 1 日起施行。该《办法》是我国首部统筹各类社会救助制度的行政法规,首次将救急难、疾病应急救助、临时救助等方针政策纳入法制安排,是我国统筹构建社会救助制度体系的标志;2015 年 10 月,党的十八届五中全会把"建立更加公平更可持续的社会保障制度"列入"十三五"规划建议当中,作为落实共享发展的重要方面,会议要求按照相关建议做出的改革部署,统筹社会救助体系建设,进一步深化社会保障制度改革,确保按期完成各项改革任务。党的十九大报告在"提高保障和改善民生水平,加强和创新社会治理"部分,提出:"按照兜底线、织密网、建机制的要求,全面建成覆盖全民、城乡统筹、权责明确、保障适度、可持续的各层次社会保障体系。"而要完善社会救助的法律和制度,既要借鉴国外行之有效的经验,又要吸收我国传统的社会救济制度中正确的方法和理念。

---

① 蔡勤禹:《国家社会与弱势群体——民国时期的社会救济(1927—1949)》,天津人民出版社 2003 年版,第 7 页。

② 《李克强:中国有 3000 多万贫困人口,要重点抓治大病》,http://news.163.com/1810320/DDBER12R0001875N.html.

三、研究现状和存在问题

对汉代社会救济的研究,始于 20 世纪 20 年代,迄今为止经历了以下三个发展阶段:

第一阶段:20 世纪 20 年代至 40 年代,研究的焦点主要局限于自然灾害的防治和一些局部的社会救济事项。这一时期涉及汉代社会救济的主要成果有:于树德的《我国古代之农荒豫防策——常平仓、义仓和社仓》(上下);①竺可桢的《中国历史上之旱灾》;②林朴初的《仓的研究(常平仓、义仓、社仓、惠民仓、广丰储仓、平籴仓)》;③吴毓昌的《中国灾荒之史的分析》;④梁云谷的《中国救济事业之史的探讨》;⑤徐钟渭的《中国历代荒政制度》;⑥郭链科的《汉末大疫与当时社会的扰乱》;⑦邓云特的《中国救荒史》(商务印书馆 1937 年版);陈高佣的《中国历代天灾人祸表》(上海国立暨南大学出版社 1939 年版);⑧王龙章的《中国历代灾况与振济政策》(独立出版社 1942 年版);柯象峰的《社会救济》(中正书局 1944 年版);于佑虞的《中国仓储制度考》(中正书局 1948 年版)。其中邓云特的《中国救荒史》一书最具代表性,此书是现代第一部比较全面系统地阐述中国历代灾情、救荒思想和救荒政策的专著,是作者在收集经济史料过程中将史书中的灾荒与救荒内容分类整理而成的,为研究中国救济史提供了比较丰富的资料。该书长期以来被学界奉为圭臬。以上其他成果大多侧重于灾害救济的叙述,而进行系统研究的不多。

第二阶段:从中华人民共和国成立后到 20 世纪 80 年代初,是社会救济研究的停滞时期。只有很少的几篇论文,如史观的《对灾荒宣战》;⑨郑

① 《东方杂志》1921 年第 18 卷第 14 期。
② 《史地学报》1925 年第 3 卷第 4 期。
③ 《新生命月刊》1930 年第 3 卷第 9 期。
④ 《中国实业杂志》1935 年第 1 卷第 10 期。
⑤ 《仁爱月刊》1936 年第 1 卷第 12 期。
⑥ 《经理月刊》1936 年第 2 卷第 1 期。
⑦ 《史地知识》1936 年第 5 期。
⑧ 此书对从先秦至民国时期的灾害次数进行统计,由于参考资料不全,以致灾害次数的统计不准确。
⑨ 上海《大公报》1950 年 3 月 20 日。

昌淦的《我国古代备荒的理论与措施》;①方清河的《西汉的灾害》;②王超的《古代官吏的退休制度》;③陈国均的《中国历代救济事业概述》;④梁坚的《中国古代的养老制度》;⑤黎圣伦的《我国历代敬老养老制度》;⑥黄鎏的《中国宗族的互助周济》。⑦

第三阶段:20 世纪 80 年代后期迄今,社会救济制度的研究翻开了崭新的一页。随着社会保障事业的发展,社会救济研究方兴未艾,对两汉相关领域的研究也步入了一个新的阶段。

论著方面,涉及汉代灾害救济的论著比较多,主要有:孟昭华的《中国民政史稿》(黑龙江人民出版社 1986 年版);金双秋的《中国民政史》(湖南大学出版社 1989 年版);章俗、谷超的《中国民政史话》(黑龙江人民出版社 1992 年版);袁林的《西北灾荒史》(甘肃人民出版社 1994 年版);孟昭华的《中国灾荒史》(水利水电出版社 1998 年版)。前民政部长多吉才让主编的"中国民政工作丛书"之《救灾救济》(中国社会出版社 1996 年版)一书,从历代的救灾思想、救灾工作的管理体制、救灾措施等方面论述中国救灾工作的历史沿革,但该书具有通史性质,没有对汉代救济问题做详细分析。孙绍骋的《中国救灾制度研究》(商务印书馆 2004 年版),较为详细地阐述了中国古代的救灾思想、救灾措施、救灾主体、救灾的管理体制等问题。卜风贤的《周秦汉晋时期农业灾害和农业减灾方略研究》(中国社会科学出版社 2006 年版)也值得关注。该书涉及秦汉时期农业防灾抗灾技术和荒政制度,并对农业减灾思想有较深的探究。

相比之下,研究汉代灾害救济的专著较少,主要代表作有段伟的《禳灾与减灾:秦汉社会自然灾害应对制度的形成》(复旦大学出版社 2008 年版)和陈业新的《灾害与两汉社会研究》(上海人民出版社 2004 年版)。《禳灾与减灾:秦汉社会自然灾害应对制度的形成》一书分上下篇,共七章。该书

---

① 《人民日报》1965 年 12 月 7 日。

② 《史原》1976 年第 10 期。

③ 《人民日报》1981 年 11 月 3 日。

④ 《新社会》1951 年第 15 卷第 6、7 期。

⑤ 《台湾省立博物馆科学年刊》1952 年第 6 期。

⑥ 《中山学术文化集刊》1957 年第 2 卷。

⑦ 《崇基学报》1962 年第 2 卷。

首先介绍了秦汉时期的自然灾害,重新统计了秦汉时期的自然灾害次数,并与其他时期自然灾害的情况进行了对比;其次阐述了禳灾制度的形成过程;再次从灾害预防、灾害控制、资源配置三个方面对减灾制度作了细致分析;最后探讨了禳灾制度与减灾制度在秦汉社会应对自然灾害中的相互的关系和各自的影响。① 值得称道的是陈业新的《灾害与两汉社会研究》,该书是研究汉代灾害史的开拓性成果,全书分六章,分别阐述了汉代灾害的概况、发生灾害的原因、救灾思想、灾害与两汉政治、经济和文化的关系,所引史料丰富,条理清楚,分析透彻。结尾处还附录两汉灾害年表,具有较高的参考价值。

专门研究汉代贫困救济和社会福利的著作以王文涛的《秦汉社会保障研究——以灾害救助为中心的考察》(中华书局 2007 年版)为代表。该书对秦汉时期的灾害救助、社会救济、社会福利、优待抚恤等进行深入的研究,提出秦汉社会保障具有多元性和等级性特征。该书对中国古代的社会保障制度的研究具有一定的学术价值,同时也具有较强的现实借鉴意义。

涉及汉代贫困救济和社会福利的著作有:陆德阳与日本学者稻森信昭合著的《中国残疾人史》(学林出版社 1996 年版),王子今、刘悦斌等合著的《中国社会福利史》(中国社会出版社 2002 年版),相自成的《中国残疾人保护法律问题史论》(中国法制出版社 2003 年版)。其中《中国残疾人史》一书对中国残疾人的教育起源、残疾现象、民风习俗、历代残疾人政策等问题,作了大胆有益的探索,是世界上第一部专门叙述一个国家残疾人历史的著作。

涉及汉代慈善行为的著作有:王卫平的《中国古代传统社会保障与慈善事业》(群言出版社 2004 年版),张文的《宋朝民间的慈善活动研究》(西南师范大学出版社 2005 年版),周秋光、曾桂林的《中国慈善简史》(人民出版社 2006 年版)。这些论著主要是研究唐宋和明清时期的慈善行为。其中,《中国慈善简史》是中国第一部慈善史。该书分为绪论篇、渊源篇、古代篇、近代篇、当代篇,对中国慈善行为的释义、源流、思想和活动等问题有独到的见解,认为中国的慈善活动发轫于先秦时期,初兴于汉魏南北朝时期,此书对本书的写作有很大的参考价值。

---

① 段伟:《禳灾与减灾:秦汉社会自然灾害应对制度的形成》,复旦大学出版社 2008 年版。

　　研究汉代灾害救济的论文主要有：丁光勋的《两汉时期的灾荒与荒政》（《历史教学问题》1993 年第 3 期），陈业新的《地震与汉代荒政》（《中南民族学院学报》（哲学社会科学版）1997 年第 3 期），金陵客的《西汉的水灾及其他》（《文史知识》1998 年第 12 期），张剑光、邹国慰的《略论两汉疫情的特点和救灾措施》[《北京师范大学学报》（人文社会科学版）1999 年第 4 期]，杨振红的《汉代自然灾害初探》（《中国史研究》1999 年第 4 期），赵沛的《试论东汉的赈灾政策》[《河南师范大学学报》（哲学社会科学版）2000 年第 1 期]，段伟的《汉代公田救灾方式与产权变迁》[《山西大学学报》（哲学社会科学版）2006 年第 2 期]，王文涛的《汉代的抗疫救灾措施与疫病的影响》（《社会科学战线》2007 年第 6 期）、《东汉洛阳灾害记载的社会史考察》（《中国史研究》2010 年第 1 期）和《汉代匈奴区的自然灾害及对汉匈关系的影响》（《社会科学战线》2012 年第 7 期），卜风贤的《两汉时期关中地区的灾害变化与灾荒关系》（《中国农史》2014 年第 6 期），王文涛的《"赈济"类词语与汉代社会救济——兼谈海量史料中的知识发现》（《河北学刊》2016 年第 2 期）。

　　研究汉代贫困群体与特殊群体救济的论文相对较少，而有关文章多数又把这种救济称为古代社会保障或社会福利，主要有以下几篇：张涛的《对中国传统救灾思想的认识》（《光明日报》1999 年 6 月 25 日）、唐光孝的《从〈养老图〉谈汉代养老、抚孤等民政问题》（《四川文物》2001 年第 4 期）、王子今的《秦汉时期的社会福利法规》（《浙江社会科学》2002 年第 4 期）、刘厚琴的《汉代社会保障体制及其特征》（《开封大学学报》2004 年第 12 期）和《儒学与汉代社会保障制度》（《孝感学院学报》2005 年第 1 期）、王孝俊的《两汉社会保障制度初探》（《河南社会科学》2006 年第 3 期）、王文涛的《汉代民间互助保障的主体——宗族互助》（《学术交流》2006 年第 11 期）、王子今的《汉代社会的孤儿救助形式》（《南都学坛》2007 年第 2 期）、王文涛的《论基于救助的汉代社会保障》[《天津师范大学学报》（社会科学版）2010 年第 3 期]、杨会军的《两汉社会保障制度及实践研究》（山西大学硕士学位论文，2012 年）。另外，还有一些涉及汉代社会保障制度的文章，如陆士桢的《中国古代社会保障制度考评》（《中国青年政治学院学报》1997 年第 3 期）、于云瀚的《中国古代城市的社会保障》（《学习与探索》2000 年第 5 期）、王卫平的《论中国古代传统社会保障制度的初步形成》（《江海学刊》2002 年第 5 期)、王君南的《基于救助的社会保障体系——中国古代社会保障体系研究论纲》[《山东大学学报》(哲学社会科学版)2003 年第 5期]、郭亚雄的《中国古代社会保障思想及其行为探究》(《江西财经大学学报》2005 年第 5 期)。

关于汉代慈善行为的文章主要有:庄严严的《两汉士人民间慈善救助现象探析》(厦门大学硕士学位论文,2007 年)、李巍的《两汉时期的社会慈善》(《环球慈善》2011 年第 5 期)、申舵林的《儒学与汉代民间慈善研究》(曲阜师范大学硕士学位论文,2015 年);涉及汉代慈善思想或行为的文章主要有:王卫平的《论中国古代慈善事业的思想基础》(《江苏社会科学》1999 年第 2 期),严雄飞的《中国古代社会救济慈善思想种类与作用》(《前沿》2002 年第 10 期)),杨晓伟的《儒家伦理与中国慈善事业初探》(《中共济南市委党校学报》2004 年第 1 期),周秋光、曾桂林的《儒家文化中的慈善思想》(《道教与文明》2005 年第 1 期)。

总的来说,学界对汉代社会救济的研究取得了不少成果,但还存在以下几个问题:

首先,讨论的问题相对集中。对政府的社会救济的研究多局限于其救灾活动,而对其他方面如政府的贫困救济、特殊救济则较少涉及。另外,对民间慈善行为的研究也很薄弱。

其次,对救灾制度的研究尚存一些问题。如对灾害次数的统计有误,对救灾的职官、救灾的监督及救灾的特点都还缺乏深入的研究。

最后,缺乏对两汉的救济政策进行微观比较。以前的研究往往把两汉作为在社会救济方面一成不变的一个历史阶段进行探讨。两汉持续了400 多年,西汉时期与东汉时期的社会救济肯定有不同的特点,如东汉更注重对残疾人的救济,东汉时宗教(特别是道教)势力发挥了救济的作用等,但是目前很少有论著对此进行阐释。

四、研究方法及本书结构

社会救济属于社会学的范畴,研究方法必然以社会史的方法为主。在具体方法的运用上,应用传统史学的基本方法如考证、推理、归纳、演绎、对比等。"本课题与经济史的关系也甚为密切,因为社会救济不可避免涉及诸如财政问题、农业问题、财富分配机制等许多经济问题,因此,必然要使用经济史的一些方法,其途径主要是从经济学观点出发,来分析一些史实的经济关系,以加深对问题的理解。"①

本书主要研究资料:(1)前四史(《史记》、《汉书》、《后汉书》、《三国志》)、《两汉纪》、《西汉会要》、《东汉会要》、《七家后汉书》、《史记新证》、《汉书补注》等;(2)简牍、帛书、石刻、碑文、石砖、绘画、封泥等出土材料。

本书拟在前人研究的基础上,对以下问题作进一步的探讨:

第一,对已有的研究成果进行纠误。通过对相关材料的梳理,对汉代的自然灾害的次数再做统计。

第二,对两汉救灾财政管理、奖惩制度作进一步分析。

第三,对粮食储备、治理水患等灾害救济措施以及救灾特点作进一步研究。

第四,对汉代的贫困救济进行探讨,研究汉政府对残疾人、儿童、妇女、老人以及一般贫困户所实施的社会救济。

第五,进一步评析两汉的民间慈善行为。

第六,对两汉社会救济的特点进行比较。

第七,探讨汉代社会救济的历史启示。

---

① 张文:《宋朝社会救济研究》,西南师范大学出版社 2001 年版,第 8 页。

第一章　汉代自然灾害次数的
　　　　　统计辨误

第一节　学术界对汉代自然灾害次数的统计

　　自然灾害的历史比人类的历史更为悠久,研究自然灾害是研究灾害救济的前提和基础,这方面的研究成果已经不少,但已有成果对自然灾害次数的统计存在一些差错,故有必要作进一步的梳理。

　　两汉时期是中国古代自然灾害集中发生的重要时期,有的学者称这一时期为"两汉宇宙期"[①]。自然灾害是指"发生在生态系中的自然过程,可能导致社会系统失去稳定和平衡的非常事件,其特点是使社会千万生命和财产损失或导致社会在各种原生或有机的资源方面出现严重的供需不平衡"[②]。关于汉代自然灾害的次数,已有不少学者进行统计(表1-1)。卜风贤认为,秦汉时期发生重大的农业灾害(包括水灾、河决、雨灾、旱灾、风灾、雹灾、雪灾、霜灾、低温灾、冻灾、蝗灾、虫灾、畜病、鼠害、兽害、沙尘暴、水土流失)共291次。[③] 李辉认为:"自汉高祖元年(公元前206年)至汉献帝建安二十五年(公元220年)的425年间,共有292个年份发生自然灾害,包括水灾121次,旱灾106次,地震104次,虫灾62次,疫灾49次,风灾33次,雹灾

---

　　① 高建国:《灾害群发与天象异常》,载施雅风等主编:《中国自然灾害灾情分析与减灾对策》,湖北科学技术出版社1992年版,第133页。

　　② 孙绍骋引谢礼立观点,见孙绍骋:《中国救灾制度研究》,商务印书馆2004年版,第3～4页。

　　③ 卜风贤:《周秦两汉时期农业灾害时空分布研究》,《地理研究》2002年第4期。

35 次,低温度灾害 31 次,山崩地裂 39 次,共计 580 次主要自然灾害。"[①]

表 1-1　部分学者统计汉代自然灾害的数据表

	旱灾	水灾	震灾	虫灾	疾疫	风灾	雹灾	寒灾	总计
邓云特[①]	81	76	68	50	13	29	35	9	361
陈高佣[②]	83	80	92	42	13	9	38	6	363
马非百[③]	43	68		37					148
高文学[④]	42	70						15	127
杨振红[⑤]	91	79	85	57	30	25	28	28	423
黄今言[⑥]	48	71	77	42	18	21	20	11	308
张文华[⑦]	105	93	114	68	41	41	34	28	524
陈业新[⑧]	112	108	111	65	42	37	37	45	557
王文涛[⑨]	117	118	113	71	50	39	38	44	590
段伟[⑩]	113	112	117	68	42	40	37	40	569

　　注:①邓云特:《中国救荒史》,商务印书馆 1998 年版,第 11 页。这些数据包括秦朝的灾害次数,作者称虫灾为蝗灾,雹灾为雨雹之灾。

　　②陈高佣等编:《中国历代天灾人祸表》,上海书店 1986 年影印版。

　　③马非百:《秦汉经济史资料(三)——农业》,《食货》1935 年第 1 期。统计时期从秦始皇四年(公元前 243 年)起至汉献帝二十四年(219 年)止,虫灾中 36 次是蝗灾,1 次是螟灾。

　　④高文学:《中国自然灾害史(总论)》,地震出版社 1997 年版,第 44~45 页。作者称"寒冻灾"为"冻灾"。

　　⑤杨振红:《汉代自然灾害初探》,《中国史研究》1999 年第 4 期。作者文中的次数以年统计,28 次寒灾是指 8 次霜灾和 20 次冻灾。

　　⑥黄今言:《汉代自然灾害与政府的赈灾行迹年表》,《农业考古》2000 年第 3 期。作者有 15 次淫雨霖雨灾未计算在内,分别称雹灾和寒灾为冰雹灾和霜雪灾。

　　⑦张文华:《汉代自然灾害的发展趋势及其特点》,《淮阴师范学院学报》(哲学社会科学版)2002 年第 5 期。作者将 28 次寒灾分为 8 次霜灾和 20 次冻灾。

　　⑧陈业新:《灾害与两汉社会研究》,上海人民出版社 2004 年版,第 11、17、33、46、57、70 页。作者把寒灾细分为霜灾 10 次,雪灾 18 次,寒冻灾 17 次,本书姑且将霜雪冻灾合并为寒冻灾。

　　⑨王文涛:《秦汉社会保障研究——以灾害救助为中心的考察》,中华书局 2007 年版,第 40 页。灾害的时限为秦汉时期。

　　⑩段伟:《禳灾与减灾:秦汉社会自然灾害应对制度的形成》,复旦大学出版社 2008 年版,第 25、26 页。

---

　　①　李辉:《试论两汉时期自然灾害的主要特点》,《社会科学战线》2004 年第 4 期。

也有学者对汉代的单一灾种或者分别对西汉和东汉的自然灾害次数进行统计。刘太祥认为："据《后汉书》诸帝纪、五行志、《东汉会要》、王先谦的《后汉书补注》等有关记述统计，东汉（公元 25 年—220 年）一代 195 年的历史，大约发生旱灾 49 次，蝗虫 39 次，水涝 49 次，地震 50 次，疾疫 10 次，共计 197 次，平均每年一次还要多，几乎是无年不灾。"①杨俭认为，汉代共发生疫病 13 次（西汉 2 次、东汉 11 次）。② 晋文据《汉书·武帝纪》、《汉书·五行志》统计，汉武帝在位 54 年，造成损害的水灾、雪灾、旱灾、大风、蝗灾、螟灾、疾疫、地震等灾害有 36 次。③ 耿占军认为，西汉时发生水灾 19 次、旱灾 26 次、雪灾 9 次、螟蝗灾 15 次。④ 张剑光认为，两汉时发生疫病共 38 次（西汉 11 次、东汉 27 次）。⑤ 王刚认为：西汉 231 年间，共发生过 79 次灾害，平均大约每 3 年就有一次灾害。他同时指出："这个数目还只能说明部分问题，其他资料由于过于零散，不成系统，或无法统计出精确数字。"⑥官德祥以年次计算，认为西汉共有 17 个年次发生蝗灾（文帝 1 次、景帝 2 次、武帝 9 次、平帝 1 次、新莽 4 次）；东汉共有 40 个年次发生蝗灾（光武帝 12 次、明帝 3 次、章帝 2 次、和帝 5 次、安帝 7 次、顺帝 3 次、桓帝 4 次、灵帝 1 次、献帝 3 次）。⑦ 施和金认为，东汉共有蝗灾 31 次。⑧ 王玉兴认为，秦汉共发生疫病 33 次。⑨ 张文华认为，安帝时共发生自然灾害 89 次（包括水灾 17 次、旱灾 14 次、震灾 26 次、风灾 14 次、蝗灾 8 次、雹灾 8 次、疾疫 2 次），平均 3 年一次。⑩ 甄尽忠认为，汉代共发生水灾 92 次（西汉 28 次、东汉 64

---

① 刘太祥：《东汉防灾赈灾措施》，《南都学坛》1994 年第 1 期。

② 杨俭等：《我国秦至清末的疫病灾害研究》，《灾害学》1994 年第 3 期。

③ 晋文：《以经治国与汉代"荒政"》，《中国史研究》1994 年第 2 期。

④ 耿占军：《西汉自然灾害及气候初论》，《唐都学坛》1996 年第 1 期。

⑤ 张剑光、邹国慰：《略论两汉疫情的特点和救灾措施》，《北京师范大学学报》（人文社会科学版）1999 年第 4 期。

⑥ 王刚：《西汉荒政与抑商》，《中州学刊》2000 年第 9 期。

⑦ 官德祥：《两汉时期蝗灾述论》，《中国农史》2001 年第 3 期。

⑧ 施和金：《论中国历史上的蝗灾及其社会影响》，《南京师范大学学报》（社会科学版）2002 年第 2 期。

⑨ 王玉兴：《中国古代疫情年表》，《天津中医学院学报》2003 年第 3 期。

⑩ 张文华：《汉安帝时期的自然灾害及其特点》，《淮阴师范学院学报》（哲学社会科学版）2004 年第 5 期。

次),平均 4 年就发生一次。^①

第二节 对已有统计数字的辨误

根据《史记》、《汉书》、《后汉书》、《三国志》、《两汉纪》、《文献通考》、《资治通鉴》、《七家后汉书》以及地方通志等进行统计可知,汉代至少发生旱灾 122 次,水灾 125 次,震灾 120 次,虫灾 73 次,疾疫 50 次,风灾 39 次,雹灾 38 次,寒灾 44 次(其中霜灾 10 次,雪灾 20 次,寒冻灾 14 次),总共发生 611 次灾害。两汉统治 426 年,平均每年就有 1.43 次灾害。以上各位学者统计的次数有一定的差距,这是由参考资料和计算方法不同造成的。其中,对两汉灾害次数统计比较接近真实情况的当数王文涛的《秦汉社会保障研究——以灾害救助为中心的考察》一书。然而笔者发现其统计的数字仍有遗漏,具体如下:

1.旱灾方面

(1)惠帝"六年夏(前 189 年),旱,令民得卖爵"^②。

(2)成帝河平二年(前 27 年),"时天下大旱,(陈)立攻绝其水道"^③。

(3)明帝永平五年(62 年)秋,"京师少雨,上御云台,召尚席取卦具自卦……明日大雨"^④。

(4)明帝永平十二年(69 年),"八月,旱"^⑤。

---

① 甄尽忠:《论两汉时期的水灾与赈济》,《华北水利水电学院学报》(社会科学版) 2007 年第 6 期。

② (南宋)徐天麟撰:《西汉会要》卷三五《职官五》,上海人民出版社 1977 年版,第 414 页。如没有特别说明,以下注释中的《西汉会要》均为同一版本。

③ (汉)班固:《汉书》卷九五《西南夷两粤朝鲜传》,中华书局 1962 年版,第 3845 页。如没有特别说明,以下注释中的《汉书》均为同一版本。

④ (汉)刘珍撰,吴树平校注:《东观汉记校注》卷七《沛献王辅》,中州古籍出版社 1987 年版,第 234~235 页。

⑤ (元)马端临:《文献通考》卷三○四《物异十》,中华书局 1986 年版,第 2393 页。如没有特别说明,以下注释中的《文献通考》均为同一版本。

(5)桓帝建和三年(149 年),"大旱"①。

2.水灾方面

(1)成帝河平四年(前 25 年),"长陵临泾岸崩,雍泾水"②。

(2)更始元年(23 年),"六月己卯……会大雷风,屋瓦皆飞,雨下如注,嘑川盛溢"③。

(3)明帝永平七年(64 年),"是岁多雨水,郡国十四伤稼"④。

(4)章帝建初八年(83 年),"秋,郡国十四雨水"⑤。

(5)顺帝永建五年(130 年),"郡国八大水"⑥。

3.震灾方面

(1)宣帝地节二年(前 68 年),"九月壬申,地震"⑦。

(2)和帝永元七年(95 年),"秋七月乙巳,易阳地裂"⑧。

(3)安帝永初七年(113 年),"二月丙午,郡国十八地震"⑨。

(4)安帝延光二年(123 年),"秋七月,丹阳山崩"⑩。

(5)顺帝永和元年(136 年),春正月乙卯,诏曰:"朕秉政不明,灾眚屡臻。典籍所忌,震食为重。今日变方远,地摇京师,咎征不虚……"⑪

(6)桓帝永寿三年(157 年),"秋七月,河东地裂"⑫。

---

① (刘宋)范晔:《后汉书》卷六一《左周黄列传》,中华书局 1965 年版,第 2034 页。如没有特别说明,以下注释中的《后汉书》均为同一版本。

② 《汉书》卷十《成帝纪》,第 311 页。

③ 《后汉书》卷一《光武帝纪》,第 8 页。

④ 中国社会科学院历史研究所资料编纂组:《中国历代自然灾害及历代盛世农业政策资料》,农业出版社 1988 年版,第 14 页。

⑤ 中国社会科学院历史研究所资料编纂组:《中国历代自然灾害及历代盛世农业政策资料》,农业出版社 1988 年版,第 15 页。

⑥ 中国社会科学院历史研究所资料编纂组:《中国历代自然灾害及历代盛世农业政策资料》,农业出版社 1988 年版,第 20 页。

⑦ 《文献通考》卷三〇一《物异七》,第 2379 页。

⑧ 《后汉书》卷四《孝和孝殇帝纪》,第 181 页。

⑨ 《后汉书》卷五《孝安帝纪》,第 219 页。

⑩ 《后汉书》卷五《孝安帝纪》,第 237 页。

⑪ 《后汉书》卷六《孝顺孝冲孝质帝纪》,第 265 页。

⑫ 《后汉书》卷七《孝桓帝纪》,第 303 页。

(7)桓帝延熹元年(158年),"秋七月己巳,云阳地裂"①。

4.虫灾方面

(1)昭帝始元二年(前85年)秋八月,诏曰:"往年灾害多,今年虫麦伤,所振贷种、食勿收责,毋令民出今年租。"②

(2)成帝元延元年(前12年),谷永为北地太守,"时灾异尤数,永当之官,上使卫尉淳于长受永所欲言。永对曰:'今年虫麦咸恶……比年丧稼,时过无宿麦。'"③

此外还有不少无具体年代和范围的灾害,无法归类,次数不好统计,如诏书中常有:(鸿嘉二年)"数遭水旱疾疫之灾","永始、元延之间,日蚀地震尤数","梁国、平原郡比年伤水灾"等记载。史书的记载也往往有出入或遗漏之处,如"臣昭案:诸史光武之时,郡国亦尝有水灾,而志不载"④,甚至出现前后抵牾的例子,所以统计数字难免有异。

总之,汉代的自然灾害极为频繁,破坏性很大。不妨和春秋时期的灾害作一番比较。谢世俊认为:春秋242年(引者按:此处有误,春秋时期从前770年—前476年,合计294年)中,共有旱灾31次(含大旱、雩、不雨),涝12次(含大水、大雨、雪),风6次,雷电冰雹5次,虫灾12次(含螽、蜮、蜚),地震5次,⑤灾害爆发的频率大约是0.231次/年。安德明据《春秋》统计,春秋时期242年中,发生旱灾30次,雹灾3次,虫蝗灾15次。⑥综合以上两人的统计,选取最高值,春秋时期灾害爆发的频率大约是0.277次/年,远远低于两汉时期灾害爆发的频率(1.43次/年)。可以说,汉代是自先秦以来乃至在中国整个封建时代,自然灾害爆发频率比较高的时期,⑦所以有学者把两汉时期称为"两汉宇宙期",是不无道理的。

---

① 《后汉书》卷七《孝桓帝纪》,第304页。

② 《汉书》卷七《昭帝纪》,第220页。

③ 《汉书》卷八五《谷永杜业传》,第3470页。

④ 《后汉书》志十五《五行三》,第3306页。

⑤ 谢世俊:《中国古代气象史稿》,重庆出版社1992年版,第371页。

⑥ 安德明:《天人之际的非常对话》,中国社会科学出版社2003年版,第4页。

⑦ 段伟对秦汉至清代的灾害爆发频率做一简表进行比较,发现秦汉时期的自然灾害低于魏晋南北朝和唐代,更远低于明清时期(段伟:《秦汉社会防灾减灾制度研究》,首都师范大学博士论文,2005年)。诚然,明清时期的灾害爆发频率确实很高,但是统计数字的多少和史料是否丰富、翔实、可靠也有关系,这是应当注意到的。

总体上看,汉代灾害比较频繁,但各帝时期灾害情况有所差别,相关统计如 1-2 所示。

表 1-2 两汉各帝王在位时期自然灾害统计表

		在位时间（年）	旱灾	水灾	地震	虫灾	疾疫	风灾	雹灾	霜灾	雪灾	冻灾	小计
西汉	高帝	12						1				1	2
	惠帝	7	3		1								4
	高后	8		3	1		1						5
	文帝	23	4	3	4	2	1	3			2		19
	景帝	16	4	2	5	3	2	1	3		1		21
	武帝	54	14	9	5	10	1	2	3	1	6	1	52
	昭帝	13	2	2			1				1		6
	宣帝	25	2	1	4	1	1		2		1		12
	元帝	16	2	5	7		3			3	3		23
	成帝	26	6	14	6	1	3	4	1		2	1	38
	哀帝	6	2	2	1		1						6
	平帝	5	2	1	1	2	1	1			1		9
	孺子婴	3			1								1
	王莽	15	3	3	2	3	3	4	2	4		1	25
	更始帝	3		1								1	2
	小计		44	46	38	23	17	17	11	8	16	5	225

续表

		在位时间（年）	旱灾	水灾	地震	虫灾	疾疫	风灾	雹灾	霜灾	雪灾	冻灾	小计
东汉	光武帝	33	10	11	1	12	7		3		1	1	46
	明帝	18	8	4		4			2	1	1		20
	章帝	13	8	1	1	4	1				1	1	17
	和帝	17	7	8	7	4	1	2	1				30
	殇帝	1		3					1				4
	安帝	19	15	12	27	9	3	13	8			1	88
	顺帝	19	8	6	14	3	2		2				35
	冲帝	1	1										1
	质帝	1	1	1									2
	桓帝	21	9	10	17	6	7	2	3	1		3	58
	灵帝	22	4	10	8	3	5	4	5		1	1	41
	少帝	1		1									1
	献帝	31	7	10	7	5	7	1	2			2	41
	小计		78	77	82	50	33	22	27	2	4	9	384
总计			122	123	120	73	50	39	38	10	20	14	609

两汉历时 426 年，发生的自然灾害至少 609 次，灾害率为 1.43 次/年。其中，西汉（前 206 年—25 年）的灾害率为 98.3％，东汉（25 年—220 年）的灾害率为 198％，东汉发生灾害的频率是西汉的两倍多。从数量上看，东汉除了寒冻灾（霜灾、雪灾、冻灾）的次数比西汉低，其他灾种均高于西汉。从灾害发生的频率来看，只有两个时间段比较低：高帝、惠帝、高后的 27 年间，共发生灾害 11 次，频率为 0.41 次/年，这样的频率在汉代属于灾害稀少期；昭宣时期，是灾害间歇期。这一时期共 38 年，发生灾害 18 次，频率为 0.47 次/年。其他时期，均为灾害高发期。文帝至武帝的 93 年间，共发生灾害 92 次，频率为 0.99 次/年，元帝至东汉章帝 138 年间，发生灾害 187 次，频率为 1.36 次/年。特别是东汉和帝至献帝时期，灾害爆发率最高，133 年间，共发生灾害 301 次，频率为 2.26 次/年。

第二章　救灾的职官、财政及相关的奖惩制度

第一节　救灾的职官

中国古代虽然重视救灾,但政府并没有设置专事救灾的机构,只有兼管救灾事务的官员。早在周朝,中央政府机构中,就有兼管救灾的官员。据《周礼》记载:大司徒的职责之一便是"以荒政十有二聚万民",兼管救灾。如在荒年,要"散利",就是发放救灾物资。"大荒、大札,则令邦国移民、通财、舍禁、弛力、薄征、缓刑。"①大司徒之下设有遂人、遂师、委人、廪人、仓人、司稼、遗人等官职,其职责或"掌均万民之食,而周其急",或"掌邦之委积,以待施惠",这些都与灾民的救济有关。到了汉代,仍没有专事救灾的机构,只有兼管救灾事务的大司农,或者临时派遣使者指导救灾工作。

一、大司农

汉代没有设立救灾机构,这一时期,当灾害发生时,多以遣使巡行赈济和慰问的形式进行救灾。另外,由大司农兼管救灾事宜。大司农不仅要主持救灾工作,还要为政府实施救济提供费用。据《汉书·食货志》记载,汉武帝连年用兵,数击匈奴,一次"赏赐五十万金,军马死者十余万匹"②,转漕车甲之费庞大惊人,又遇河决,"灌梁、楚地,固已数困,而缘河之郡隄塞

---

① 《周礼注疏》卷十,第 377 页。
② 《汉书》卷二四《食货志》,第 1165 页。

河,辄坏决,费不可胜计"①。所有这些费用"皆仰大农,大农以均输调盐铁助赋,故能赡之"②。武帝元光年间,"河决于瓠子,东南注钜野,通于淮、泗",武帝遣谒者汲黯、大司农郑当时"与人徒塞之,辄复坏"。③ 成帝元延元年(前 12 年),因"虫麦咸恶。百川沸腾,江河决溢,大水泛滥郡国十五有余",北地太守谷永上书:"臣愿陛下勿许加赋之奏,益减大官、导官、中御府、均官、掌畜、廪牺用度,止尚方、织室、京师郡国工服官发输造作,以助大司农。流恩广施,振赡困乏,开关梁,内流民,恣所欲之,以救其急。"④成帝建始四年(前 29 年),黄河决于东郡金堤时,成帝派遣大司农非调(大司农名非调)"调均钱谷河决所灌之郡,谒者二人发河南以东漕船五百艘"⑤,被迁徙到丘陵地区的灾民达 9.7 万多人。可见,大司农是担负救灾事务的。

二、巡行使者

汉代皇帝出于敦厚教化,整顿吏治,安定民心等方面的需要,常常临时派遣谒者、博士、谏大夫、太中大夫、御史掾等巡行地方。汉代遣使巡行的目的,一般有以下五个方面:(1)观览风俗,宣明德化;(2)存问孤弱,举贤荐能;(3)赏赐慰劳,访问民情;(4)赈灾济贫,督促农耕;(5)调查冤狱,督禁暴吏等。据前四史、《西汉会要》《东汉会要》统计,汉代遣使救灾至少达 47 次以上(西汉 22 次:地震 2 次,水灾 13 次,旱灾 1 次,饥荒和流民 4 次,火灾 1 次,蝗灾 1 次;东汉 25 次:地震 5 次,水灾 7 次,旱灾 3 次,瘟疫 5 次,饥荒 2 次,赈贫活动 3 次)。其中,因水灾遣使的次数最多,达 20 次,估计与多数水灾涉及的范围广、破坏性大有关。

西汉时期多是因水灾而遣使,其中又以出使关东和关中为主,因为黄河中下游是西汉人口和耕地最为集中的地区,汉政府比较重视这些地区的救灾。东汉时期,由于地震和瘟疫频繁,遣使的次数比西汉多。皇帝遣使救灾的目的大致有三点:第一,甄别灾情,问民疾苦,提高救灾的效率,减少损失;第二,主持救灾工作;第三,监督地方官的救灾工作。

---

① 《汉书》卷二四《食货志》,第 1161 页。

② 《汉书》卷二四《食货志》,第 1174 页。

③ 《汉书》卷二九《沟洫志》,第 1679 页。

④ 《汉书》卷八五《谷永杜业传》,第 3471 页。

⑤ 《西汉会要》卷六七《方域四》,第 781 页。

从使者的身份看,主要有谒者、博士、光禄大夫、谏大夫、太中大夫、府掾、大夫、大司空、侍御史、中谒者、常侍。见表 2-1。

表 2-1　两汉遣使救灾的次数表

官　职	西　汉	东　汉
谒者	2	5
博士	5	0
光禄大夫	2	8
谏大夫	3	0
太中大夫	1	0
府掾	1	4
大夫	1	0
大司空	1	0
侍御史	0	2
中谒者	0	1
常侍	0	1
职务不明	8	5

表 2-1 中的职官在平时并无兼管救灾的职责。在灾害频繁的两汉,不少地方官吏救灾不力,甚至渎职害民。皇帝派遣身边的官吏出使主持救灾工作,能起到监督地方官吏,提高救灾效率的作用。

三、地方官吏

汉代地方官吏包括州[①]、郡、县、乡各级官吏,其职责之一就是赈济灾民。如灾害现场的检视、灾荒的申告、救济措施的执行等,都需要落实到地方基层组织来实施。汉代对州郡长官的职责有明确的规定。《后汉书·百官志》载:"凡郡国皆掌治民,进贤劝功,决讼检奸。常以春行所主县,劝民

---

① 东汉时设立,州牧(有时称刺史)是地方一级行政长官。

农桑，振救乏绝。"①明帝永平十三年（70 年）十月，制："……今何以和穆阴阳，消伏灾谴？刺史、太守详刑理冤，存恤鳏孤，勉思职焉。"②永元八年（96年）九月，京师发生蝗灾。和帝诏令"百僚师尹勉修厥职，刺史、二千石详刑辟，理冤虐，恤鳏寡，矜孤弱，思惟致灾兴蝗之咎"③。建和三年（149 年）十一月，因"灾眚连仍，三光不明，阴阳错序。……今京师厮舍，死者相忱"，桓帝诏令"民有不能自振及流移者，禀谷如科。州郡检察，务崇恩施，以康我民"④。皇帝颁布这些诏书，是要求州郡长官除了监察理冤外，还要赈恤贫民，安抚民众。汉代不少地方官吏善于安民，履行救济贫民的职责。如王望"自议郎迁青州刺史"时，"州郡灾旱，百姓穷荒，望行部，道见饥者，裸行草食，五百余人，愍然哀之，因以便宜出所在布粟，给其［禀］粮，为作褐衣"。⑤ 东郡聊城人贾宗迁为交趾刺史时，"招抚荒散，蠲复徭役，诛斩渠帅为大害者，简选良吏试守诸县，岁间荡定，百姓以安"⑥。皇甫嵩为冀州牧时，"奏请冀州一年田租，以赡饥民，帝从之"⑦。太守尹兴"岁荒民饥"时，"使（陆）续于都亭赋民擅粥"。⑧ 京兆人第五访迁为张掖太守时，"岁饥，粟石数千，访乃开仓赈给以救其敝。吏惧遣，争欲上言。访曰：'若上须报，是弃民也。太守乐以一身救百姓！'遂出谷赋人"⑨。敦煌人盖勋曾为汉阳太守，"时人饥，相渔食，勋调谷禀之，先出家粮以率众，存活者千余人"⑩。县令也有救济民众的职责。汉代"每县、邑、道，大者置令一人、千石。其次置长，三百石……本注曰：皆掌治民，显善劝义，禁奸罚恶，理讼平贼，恤民时务，秋冬集课，上计于所属郡国"⑪。和帝时，西华县大旱，县令戴封祈雨，

① 《后汉书》卷一一八《百官五》，第 3621 页。

② 《后汉书》卷二《显宗孝明帝纪》，第 117 页。

③ 《后汉书》卷四《孝和孝殇帝纪》，第 182 页。

④ 《后汉书》卷七《孝桓帝纪》，第 249 页。

⑤ 《后汉书》卷三九《刘赵淳于江刘周赵列传》，第 1297 页。

⑥ 《后汉书》卷三一《郭杜孔张廉王苏羊贾陆列传》，第 1112 页。

⑦ 《后汉书》卷七一《皇甫嵩朱儁列传》，第 2302 页。

⑧ 《后汉书》卷八一《独行列传》，第 2682 页。

⑨ 《后汉书》卷七六《循吏列传》，第 2475 页。

⑩ 《后汉书》卷五八《虞傅盖臧列传》，第 1881 页。

⑪ 《后汉书》卷一一八《百官五》，第 3622～3623 页。

未果，"乃积薪坐其上以自焚。火起而大雨暴至，于是远近叹服"①。山阳湖陆人度尚迁为文安县令，"遇时疾疫，谷贵人饥，尚开仓廪给，营救疾者，百姓蒙其济"②。韩韶为嬴县县令时，"流入县界求索衣粮者甚众。韶愍其（饥民）饥困，及开仓赈之，所禀赡万余户"③。可见，作为重要民政工作之一的救灾，县令是理应负担的。最基层的地方行政组织——乡、里组织，特别是乡在救济事务中也发挥重要的作用。由于中央和地方的很多政策需要乡里来执行，所以救穷济困理应是乡里小吏的职责之一。如宣帝时，太守黄霸"为选择良吏，分部宣布诏令，令民咸知上意。使邮亭乡官皆畜鸡豚，以赡鳏寡贫穷者"④。另外，乡三老"掌教化。凡有孝子顺孙，贞女义妇，让财救患，及学士为民法式者，皆扁表其门，以兴善行"⑤。有关里长救济恤民的职责史书中虽没明确记载，不过里长的职责繁重，除了"民有善事恶事，以告监官"，还要维护地方秩序、教化百姓等。基层小吏除了宣扬帝王的威严外，参与救穷济困，发挥带头作用是教化必不可少的环节。可以说，在灾害面前，汉代皇帝不仅经常派遣官员检查巡视救灾情况，而且要求地方官吏亲自参与救灾工作，以此提高救济的效率，达到稳定社会秩序的目的。

第二节　救灾财政支出和管理

汉代财政，分国家财政和皇室财政（东汉时两者合并）。国家财政支出主要有各级官员的俸禄、军费、公共事业、教育文化、宗教活动和灾荒赈恤等方面的支出。皇室财政支出主要用于皇帝的膳食、被服、器物、舆马、医药、娱乐、后宫、赏赐、宫室、陵墓、土木建筑等方面的费用。关于汉代用于救灾的钱物的具体数额，史料没有确切的记载，不过由于汉代灾害频繁，这一数额肯定很大。武帝元狩四年（前119年），移山东灾民到朔方以南新秦中的一次移民，就费以亿计；元鼎二年（前115年）护送山东饥民就食江淮

---

① 《后汉书》卷八一《独行列传》，第2684页。
② 《后汉书》卷三八《张法滕冯度杨列传》，第1284页。
③ 《后汉书》卷六二《荀韩钟陈列传》，第2063页。
④ 《汉书》卷八九《循吏传》，第3629页。
⑤ 《后汉书》卷一一八《百官五》，第3624页。

间,并运巴蜀粟加以赈救。虽然路程较近,费用可能比元狩四年的要低,但灾区方圆二三千里,这笔费用也得以亿计算。此后,一年中流民达数十万的还有多次。如武帝元封四年(前107年),关东流民达"两百万口,无名数者四十万"①;桓帝永兴元年(153年)黄河决溢,导致"流冗道路,至有数十万户"②。即使灾情较轻的,国家的各项救济支出也常常须以百万或千万计,这些费用基本上由大司农职掌的国库来支出。如宣帝本始四年(前70年),"今岁不登……输长安仓,助贷贫民"③;献帝兴平元年(194年),"三辅大旱……帝使侍御史侯汶出太仓米豆"④。由于灾害连续降临,救灾费用过大,国家财政往往入不敷出。如武帝时灾害不断,"数岁,贷与产业,使者分部护,冠盖相望,费以亿计,县官大空"⑤,所以,有时皇室财政也用于救灾。汉武帝时,数郡遭受灾害,汉武帝于是"损膳省用,出禁钱以振元元,宽贷赋"⑥;元帝即位时,因天下大水,遂"罢建章、甘泉宫卫,角抵、齐三服官,省禁苑以予贫民,减诸侯王庙卫卒半"⑦。苑园,本属于皇室,此时分给贫人。初元元年(前48年)六月发生疾疫,元帝令官员减膳,"减乐府员,省苑马,以振困乏"⑧;成帝元延元年(前12年),因"虫麦咸恶。百川沸腾,江河决溢,大水泛滥郡国十五有余",北地太守谷永上书:"臣愿陛下勿许加赋之奏,益减大官、导官、中御府、均官、掌畜、廪牺用度,止尚方、织室、京师郡国工服官发输造作,以助大司农。流恩广施,振赡困乏,开关梁,内流民,恣所欲之,以救其急"⑨。

由于救灾财政支出很大,因此加强救灾财政的管理是必不可少的。因为在汉代,官吏不顾灾民死活,贪盗救灾款物的例子不少。王莽地皇三年(22年),因灾入关的流民达数十万,"乃置养赡官禀食之。使者监领,与小

---

① (汉)司马迁:《史记》卷一〇三《万石张叔列传》,中华书局1959年版,第2768页。以下注释中的《史记》均为同一版本。

② 《后汉书》卷七《孝桓帝纪》,第298页。

③ 《汉书》卷八《宣帝纪》,第245页。

④ 《后汉书》卷九《孝献帝纪》,第376页。

⑤ 《汉书》卷二四《食货志》,第1162页。

⑥ 《史记》卷三十《平准书第八》,第1430页。

⑦ 《汉书》卷二四《食货志》,第1142页。

⑧ 《汉书》卷九《元帝纪》,第280页。

⑨ 《汉书》卷八五《谷永杜业传》,第3471页。

吏共盗其稟,饥死者十七八"①;安帝元初四年(117 年)和献帝兴平元年
(194 年),朝廷两次对饥民"施粥",而"长吏怠事",救灾官吏视人命"若艾
草菅然"。煮粥时"糠秕相半",导致了"经目而死者无降"的惨状。这样的
贪盗行为不仅会增加国家财政的负担,还会使很多灾民得不到及时救济,加
深了阶级矛盾,进一步危及国家政权的根基。因此,汉政府有必要加强救灾
财政管理。关于汉代救灾财政管理的史料,目前仅见一条。即献帝兴平元
年(194 年),三辅发生大旱,献帝派遣侍御史侯汶出太仓米豆赈济灾民,"经
日而死者无降。帝疑赋恤有虚",于是他亲自对之进行监察、核实,"御坐前量
试作糜,乃知非实,使侍中刘艾出让有司。……自是之后,(灾民)多得全
济"②。重视救灾财政的管理,对提高救灾的时效性具有重要的作用。

第三节　监督奖惩制度

为确保救灾的顺利进行,汉代很重视对吏治的整顿,健全监督机制。
元帝认为:当时"民田有灾害,吏不肯除,收趣其租,以故重困"③是导致流
民递增的重要原因。他认识到官吏救灾不利对灾民的生活会造成严重的
影响。为确保救灾的顺利进行,汉代制定一套严格的官员奖惩制度来整顿
吏治。武帝元封五年(前 106 年),在全国设置十三部刺史,"掌奉诏条察
州","周行郡国,省察治状,黜陟能否,断治冤狱,以六条问事",④这对地方
官吏有很大的震慑力,西汉的各级官吏救灾比较得力与此有一定关系。东
汉时,在救灾过程中,见利忘义的贪官污吏往往虚报灾情,牟取暴利,皇帝
也为此屡屡下诏严加训斥。如明帝永平十八年(75 年),京师及三州大旱
后,出现了"贫弱遗脱"的情况。章帝于建初元年(76 年)令"长吏亲躬,无
使贫弱遗脱,小吏豪右得容奸佞。诏书即下,勿得稽留,刺史明加督察尤无
状者"⑤;和帝永元五年(93 年)二月因灾歉收,贫民流离,令郡国上报贫民

---

① 《汉书》卷九九《王莽传》,第 4177 页。
② 《后汉书》卷九《孝献帝纪》,第 376 页。
③ 《汉书》卷七一《隽疏于薛平彭传》,第 3043 页。
④ 《汉书》卷十九《百官公卿表》,第 741 页。
⑤ 《后汉书》卷三《肃宗孝章帝纪》,第 132 页。

不能自给者的户口人数，并针对"往者郡国上贫民，以衣履釜赞为赀，而豪右得其饶利。诏书实核，欲有以益之，而长吏不能躬亲，反更征召会聚，令失农作，愁扰百姓"的情况，强调"若复有犯者，二千石先坐"；①安帝元初四年（117 年），三郡雨雹，京师及数郡国遭受水灾，庄稼损害严重，而地方官吏渎职，将糠秕入粥，敷衍灾民，遭到安帝的谴责。安帝诏令："……其务崇仁恕，赈护寡独，称朕意焉。"②可见，汉代皇帝是很重视灾害救济的。另外，从武帝开始，凡遇自然灾害，皇帝皆下诏选拔人才，罢免不称职的官吏。清代赵翼曾有过评述："而其时人君。亦多遇灾而惧。如成帝以灾异用翟方进言。遂出宠臣张放于外。赐萧望之爵。登用周堪为谏大夫。又因何武言，擢用辛庆忌。哀帝亦因灾异，用鲍宣言。召用彭宣、孔光、何武，而罢孙宠、息夫躬等。"③因灾异策免宰相或三公是汉代皇帝惯用的伎俩。据陈业新统计，汉代自武帝元封四年（前 107 年）至献帝兴平元年（194 年）因灾异罢免三公或丞相的次数共 48 次。从安帝永初元年（107 年）至献帝兴平二年（195 年）因灾异被策免的三公：司徒 8 人次、司空 23 人次、太尉 18 人次。④ 尽管汉代皇帝遇灾害而任免官吏，并不是为了救灾，而是以为其用人失当而引起上天谴告，故须改弦易辙，以求得上天的原谅，但这种做法，"告诫所有行政官员高度重视防灾救灾，济困恤穷，以应答天变。只要发生自然灾害，就必须要有人来承担责任，非君即臣。皇帝诿过臣下，三公首当其冲，灾区的地方长官自然也难辞其咎"⑤。如成帝永始二年（前 15 年），梁国、平原郡连年水灾，"人相食"，刺史、守、相等地方官员因救灾不力而"坐免"；东汉明帝时，河内太守曹褒，因"上灾害不实"⑥而被免职；和帝时，河东太守鲁丕因"坐禀贫人不实"⑦而被判"司寇"刑；桓帝时，第五种"以司徒掾清诏使冀州，廉察灾害，举奏刺史、二千石以下，所刑免甚众，弃官奔走者

---

① 《后汉书》卷四《孝和孝殇帝纪》，第 175 页。

② 《后汉书》卷五《孝安帝纪》，第 227 页。

③ （清）赵翼：《廿二史札记》卷二《史记·汉书》，中国书店 1987 年版，第 24 页。

④ 陈业新：《灾害与两汉社会研究》，上海人民出版社 2004 年版，第 232～235、238 页。

⑤ 王文涛：《秦汉社会保障研究——以灾害救助为中心的考察》，中华书局 2007 年版，第 262 页。

⑥ 《后汉书》卷三五《张曹郑列传》，第 1205 页。

⑦ 《后汉书》卷二五《卓鲁魏刘列传》，第 884 页。

数十人"①;安帝元初四年（117年）七月,因京师及数郡遭受水灾而下诏:
"夫霖雨者,人怨之所致。其武吏以威暴下,文吏妄行苛刻,乡吏因公生奸,
为百姓所患苦者,有司显明其罚。"②

　　与此相反,一些官吏因认真办事,努力救灾,竭力济贫而受到皇帝的嘉
奖。武帝时,谒者汲黯经过河内时,发现"贫人伤水旱万余家,或父子相
食",于是便宜行事,"持节发河内仓粟"赈济灾民。武帝不但没有治其罪,
反而"迁(汲黯)为荥阳令",后又迁为东海太守。顺帝时,张掖郡连年灾荒,
太守第五访欲开仓赈济饥民。属吏害怕被治罪,纷纷劝他上奏请示朝廷。
第五访认为,上报朝廷,必会延误时机,这等于抛弃民众,于是决心"以一身
救治百姓",毅然"出谷赋人"。顺帝得知后,不但没有怪罪,反而"玺书嘉
之"③。与严惩救济不力的官吏相反,对于擅自开仓救济灾民的官吏,朝廷
没有追究他们的责任,这是出于他们能及时救济灾民的缘故。

① 《后汉书》卷四一《第五钟离宋寒列传》,第1403页。
② 《后汉书》卷五《孝安帝纪》,第227页。
③ 《后汉书》卷七六《循吏列传》,第2475页。

第三章　政府灾害救济的措施及其评价

第一节　粮食储备

我国很早就认识到仓储在灾害救济方面的重要作用。夏商时已有仓储制度。武王克商时,"散鹿台之财,发巨桥之粟"。①《礼记·王制》云:"国无九年之蓄曰不足,无六年之蓄曰急,无三年之蓄曰国非其国也。三年耕,必有一年之食。九年耕,必有三年之食。以三十年之通,虽有凶旱水溢,民无菜色,然后天子食,日举以乐。"②西周时,设立了兼管救灾事务的官员——大司徒,其职责之一就是管理仓储。其他管理仓储具体事务的官员,据《周礼》记载:遗人,"(掌)县都之委积,以待凶荒"③;仓人,"掌粟入之藏。辨九谷之物,以待邦用。若谷不足,则止余法用;有余,则藏之,以待凶而颁之"④。春秋时期,仓储制度更加完善,当时各国都有较为完备的仓储系统和丰富的储备思想。《管子·事语》中,主张重视仓储,认为"国有十年之蓄,富胜贫,勇胜怯"。仓储可以备战备荒。战国时,李悝在魏国推行"平籴法",具体做法是:"善平籴者,必谨观岁有上中下孰。……大孰则上籴三

---

①　《史记》卷四《周本纪》,第 126 页。

②　(汉)郑玄注,(唐)孔颖达正义,吕友仁整理:《礼记正义》卷十七《王制》,上海古籍出版社 2008 年版,第 510 页,如没有特别说明,以下注释中的《礼记正义》均为同一版本。

③　《周礼注疏》卷十四,第 483 页。

④　《周礼注疏》卷十七,第 608 页。

而舍一,中孰则粜二,下孰则粜一,使民适足,贾平则止。"①西汉晁错认为:"薄赋敛,广蓄积,以实仓廪,备水旱,故民可得而有也。"②这反映了仓储对救灾的重要意义。汉代在中央和地方都兴建了许多粮仓,建立起一套完备严密的仓储制度。

一、中央仓储制度

汉代的仓储制度比较完善,有中央粮仓和郡国粮仓,也有按军事需要建制的粮仓和各地农官下属的粮仓。其中,最重要的是敖仓。在西汉,敖仓始终是规模最大最重要的国家粮仓。秦时敖仓就已"藏粟甚多"③。尽管在东汉时,敖仓不再直属中央,地位不如太仓重要,但它"在全国经济结构中的地位及其对于维护专制主义政体的作用,均非一般郡国仓庾可以比拟"④。中央粮仓除敖仓外,还有京师仓、长安仓(包括太仓、细柳仓、嘉仓)。⑤当发生自然灾害时,这些粮仓在赈恤灾民方面起到一定的作用。如文帝后元六年(前158年),"天下旱,蝗",诏令"发仓庾以振贫民"。⑥宣帝本始四年(前70年)诏令:"丞相以下至都官令丞上书入谷,输长安仓,助贷贫民。民以车船载谷入关者,得毋用传。"⑦但是毕竟敖仓等中央粮仓是为供应京师及西北军备之用而设置的,而所储备粮食又大多来自关东,所需漕运费用颇高,因此,中央粮仓赈灾的作用是有限的。

相对于中央粮仓,地方粮仓(郡国粮仓)的数量更多。据王子今考证,已知仓名的至少有20个。⑧汉代对地方郡国粮食的运输、储存、使用,有严格的程序,管理已制度化。通过对各地仓储的有效控制,政府可以减少因自然灾害而导致的政治动乱,降低经济损失。中央对郡国诸仓实行统一调

① 《汉书》卷二四《食货志》,第1125页。
② 《汉书》卷二四《食货志》,第1131页。
③ 《史记》卷九七《郦生陆贾列传》,第2694页。
④ 王子今:《秦汉交通史稿》,中共中央党校出版社1994年版,第322页。
⑤ 邵鸿:《西汉仓制考》,《中国史研究》1998年第3期。
⑥ 《史记》卷十《孝文本纪》,第432页。
⑦ 《汉书》卷八《宣帝纪》,第245页。
⑧ 王子今:《秦汉交通史稿》,中共中央党校出版社1994年版,第337~338页。

度,赈给灾区,为部分灾民提供了必要的救济。

谈汉代的仓储制度不能不提常平仓。常平仓的设置是汉代仓储思想发展的表现。武帝时期,桑弘羊力劝武帝实行均输平准政策,主张"执准守时,以轻重御民。丰年岁登,则储积以备乏绝;凶年恶岁,则行币物;流有余而调不足也"①,要求在不同的年景,仓储要有不同的侧重。均输平准政策在武帝时期起到了积极的作用。宣帝时,大司农中丞耿寿昌因为粮价太贱(谷每石五钱),建议在边郡收购粮食,设立常平仓以储备粮食。关于汉代常平仓的记载,文献甚为简略。学界普遍认为,设置常平仓的地区仅限于边郡地区,甚是。但未具体分析其原因。有学者认为"似乎在关内也多有设置"②,其根据是:《汉书·宣帝纪》中"大司农中丞耿寿昌奏设常平仓,以给北边"和《汉书·食货志》载萧望之反对之语"今寿昌欲近籴漕关内之谷,筑仓治船,费直二万万余,有动众之功,恐生旱气,民被其灾"③。而稍加分析,此结论欠妥。原因如下:其一,文献有明确记载其设置地区是在边郡。《汉书·食货志》记载:"漕事果便,寿昌遂白令边郡皆筑仓,以谷贱时增其贾而籴,以利农;谷贵时减贾而粜,名曰常平仓。"④宣帝五凤四年(前54年)春正月,"大司农中丞耿寿昌奏设常平仓,以给北地,省转漕,赐爵关内侯"。应劭注:"寿昌奏令边郡谷贱时增价而籴,谷贵时减价而粜,名曰常平仓。"⑤其二,"以给北边,省转漕"应解释为"北边自给自足",因是就地解决食粮问题,所以才会说"省转漕"。其三,关东乃是关中及京师的粮源。关中及京师的粮需很大,加上关中灾害频发,又有西北边防之需,关中的粮食极少有盈余。如安帝永初七年(113年),关中的南阳广陵等地发生蝗灾,汉政府只能调西南和东南边郡的零陵、桂阳、丹阳、豫章和会稽等地的米来赈济,还调滨水县的谷粮输入京师的敖仓。可见关中的粮仓未能起到调节物价的作用,也就不能称为常平仓。至于萧望之语中"筑仓"的仓并非指北边的"常平仓",而应作国家储备粮食之解。其实,常平仓的建立地区,宋代

---

① 王利器:《盐铁论校注》卷一《力耕》,天津古籍出版社1983年版,第25页。如没有特别说明,以下注释中的《盐铁论校注》均为同一版本。

② 陈业新:《灾害与两汉社会研究》,上海人民出版社2004年版,第273页。

③ 《汉书》卷二四《食货志》,第1141页。

④ 《汉书》卷二四《食货志》,第1141页。

⑤ 《汉书》卷八《宣帝纪》,第268页。

的董煟就已指出："汉常平止立于北边,李唐之世亦不及江淮以南,惟宋常平法遍天下。"①

总之,常平制度的原则是:在粮价低时,国家以高于市场价的价格收购,保持粮价不落;在粮价高时,国家以低于市场价的价格出售。在灾荒之年,这种做法一定程度上保证了灾民的利益,这在中国救灾史上具有特殊的意义。

二、地方仓储制度

汉代的地方行政单位为州(东汉时设立)、郡、县。各州、郡、县均设有粮仓。汉代政府对地方仓储十分重视。秦时就已有《仓律》、《效律》等,对粮食的储藏、保管和使用都有法律规定,这对汉代有积极的影响。

汉代的地方仓储可见于史籍记载。关于州仓的史料甚少,但据以下史料可知汉代各州设有粮仓。安帝永初之初,连年发生水灾与旱灾。邓皇后以御史中丞樊准和议郎吕仓为光禄大夫,"准使冀州,仓使兖州。准到部,开仓廪食,慰安生业,流人咸得苏息"②;桓帝永兴元年(153年)七月,"郡国三十二蝗。河水溢。百姓饥穷,流冗道路,至有数十万户,冀州尤甚。诏在所赈给乏绝,安慰居业"③。冀州赈给灾民的粮食必存放于州仓。据史籍可考的郡仓有齐太仓和吴太仓,④河南郡有河南仓,蜀郡有成都仓。《后汉书·公孙述传》载:"成都郭外有秦时旧仓,述改名白帝仓,自王莽以来常空。"⑤成都仓在东汉末年还能使用,足见其建造之坚固。安定郡有嘉平

---

① 俞森撰:《常平仓考》,中华书局1985年版,第3页。

② 《后汉书》卷三二《樊宏阴识列传》,第1128页。

③ 《后汉书》卷七《孝桓帝纪》,第298页。

④ 《史记》卷一〇九《扁鹊仓公列传》第2794页记载:"太仓公者,齐太仓长,临菑人也,姓淳于氏,名意。"《封泥汇编》"汉官印封泥"中可见"齐大仓印"(见吴幼潜编:《封泥汇编》,上海古籍出版社1984年版,第29页)。《续汉书·郡国志三》记载:广陵郡,"有长洲泽,吴王濞太仓在此"(钱书林编著:《续汉书郡国志汇释》,安徽教育出版社2007年版,第176页)。

⑤ 《后汉书》卷十三《隗嚣公孙述列传》,第541页。

仓,①天水郡或陇西郡有渭仓②。居延汉简也有关于郡仓的记载:

> 三月丙午张掖长史延行大守事肩水仓长汤兼行丞事下(10.32)
> 五月甲戌居延都尉德库丞登兼行丞事下库城仓☐(139.13)③

郡仓在救灾事务中发挥重要的作用。《汉书·汲黯传》记载:汲黯经过河南郡时,"河南贫人伤水旱万余家,或父子相食",他便宜行事,"持节发河南仓粟以振贫民"④;元狩四年(前119年)山东发生水灾,灾民饥乏,汉武帝"遣使虚郡国仓廪以振贫民"⑤。居延汉简也有中央调运边郡粮食赈济贫民的记载:

> 守大司农光禄大夫臣调昧死言守受簿丞庆前以请诏使
> 　护军屯食守部丞武☐
> 以东至西河郡十一农都尉官二调物钱谷漕转繇为民困
> 　乏愿调有余给不☐(214.33A)⑥

县有县仓。如安帝永初七年(113年)曾"调滨水县谷输敖仓"⑦。章帝时,武原县令苏章,"时岁饥,辄开仓廪,活三千余户"⑧。桓帝时,杜尚迁为文安县令,"遇时疾疫,谷贵人饥,尚开仓廪给,营救疾者,百姓蒙其济"⑨;

---

①　敦煌汉简(619简)记载:"愿加就程五年北地太守恽书言转/安定太守由书言转粟输嘉平仓以就品博募赋无欲为☐。"吴礽骧、李永良、马建华等:《敦煌汉简释文》,甘肃人民出版社1991年版,第63页。

②　敦煌汉简(1262简)载:"☐粟输渭仓以就品赋无欲为者愿☐。"吴礽骧、李永良、马建华等:《敦煌汉简释文》,甘肃人民出版社1991年版,第130页。

③　谢桂华、李均明、朱国炤:《居延汉简释文合校》(上册),文物出版社1987年版,第17、230页。

④　《汉书》卷五十《张冯汲郑传》,第2316页。

⑤　《汉书》卷二四《食货志》,第1162页。

⑥　谢桂华、李均明、朱国炤:《居延汉简释文合校》,文物出版社1987年版,第337页。

⑦　《后汉书》卷五《孝安帝纪》,第220页。

⑧　《后汉书》卷三一《郭杜孔张廉王苏羊贾陆列传》,第1107页。

⑨　《后汉书》卷三八《张法滕冯度杨列传》,第1284页。

韩韶为嬴县县令时,"愍其(饥民)饥困,及开仓赈之,所禀赡万余户"①。这些赈粮必来自于县仓。据《华阳国志·蜀志》载,新都县有"汉时五仓,名万安仓"②。

此外,在边疆地区的县级行政单位——道,也设有官仓。如东汉夷道官铜斛,为夷道县制造的官斛,有可能是夷道县仓所用。夷道县为汉所置,两汉时均属南郡。《水经注·江水》云:"汉武帝伐西南夷,路由此出,故曰夷道矣。"③

虽然可考的郡县公仓不多,但据《汉书·百官公卿表》记载,中央政府"掌谷货"的大司农,"郡国诸仓农监、都水六十五官长丞皆属焉"④。从"郡国诸仓"即可说明每郡必有官仓。虽然郡县仓储的主要目的不是救灾济困,但是自然灾害发生后,许多赈济之粮是来自于郡县仓储。关于汉代中央政府在灾害之年调用郡县储粮进行赈灾的事例有不少。如元帝初元元年(前48年)九月,关东的11个郡国发生水灾,政府调用临近郡县的钱谷"以相救";⑤元帝永光二年(前42年),大司农非调调集边郡仓谷赈济内郡灾民;⑥安帝永初七年(113年),调零陵、桂阳等郡的租米,以赈济南阳、广陵等郡的饥民。可见,郡县仓储对于国家进行灾害救济是极为重要的。

除了政府的储粮外,民间的储粟对于救灾的作用也很明显。汉政府也注意利用民间的仓储粟谷来实施救灾,它往往通过纳粟拜爵或向民间借贷来筹集救灾的钱粮。永始二年(前15年),汉成帝下诏:"关东比岁不登,吏

---

① 《后汉书》卷六二《荀韩钟陈列传》,第2063页。

② (晋)常璩著,汪启明、赵静等译注:《华阳国志译注》卷三《蜀志》,四川大学出版社2007年版,第111页。

③ (北魏)郦道元著,羽丰编:《水经注》卷三四《江水》,远方出版社2005年版,第224页。

④ 《汉书》卷十九《百官公卿表》,第731页。

⑤ 《汉书》卷九《元帝纪》,第280页。

⑥ 居延汉简214.33A记载:"守大司农光禄大夫臣调昧死言守受簿丞庆前以请诏使护军屯食守部丞武▢以东至西河郡十一农都尉官二调物钱谷漕转粜为民困乏愿调有余给不▢。"简文虽然没有注明调运谷粮的时间,但据《汉书·百官公卿表》载:元帝永光二年(前42),光禄大夫非调为大司农,直到成帝河平二年(前27)廷尉何寿为大司农,期间共15年。另据《汉书·元帝纪》:永光二年(前42)六月"间者连年不收,四方咸困。元元之民,劳于耕耘,又亡成功,困于饥馑,亡以相救"。永光二年正是非调任大司农之时,因此简文所叙可能是汉元帝永光二年之事。

民以义收食贫民,入谷物助县官振赡者,已赐直,其百万以上,加赐爵右更,欲为吏补三百石,其吏也迁二等。三十万以上,赐爵五大夫,吏亦二等,民补郎。十万以上,家无出租赋三岁。万钱以上,一年。"①永寿元年(155年)二月,司隶、冀州饥荒,人相食。桓帝"敕州郡赈给贫弱。若王侯吏民有积谷者,一切贷十分之三,以助禀贷"②。

第二节　治理水患

　　长期以来,黄河水患给人民造成巨大的生命与财产损失。两汉时期,最严重的水患莫过于黄河决溢。正如《史记·河渠书》所言:"河灾衍溢,害中国也尤甚。唯是为务。"③按《黄河水利史述要》载:仅西汉中后期到东汉前期,黄河决溢就达16次。④ 因此,治水首先就要治理黄河,汉政府第一次大规模治水也是治理黄河水患。文帝前元十二年(前168年)"河决酸枣,东溃金堤,于是东郡大兴卒之"⑤。此后30余年,黄河没有发生水灾。至武帝元光三年(前132年),黄河再次决于瓠子口,"东南注钜野,通于淮、泗。于是天子使汲黯、郑当时与人徒塞之"⑥。但所筑堤堰不坚固,此后一到汛期,还是常常决口。由于武安侯田蚡的封邑在河道以北,不受决口之害,反受其利;所以,他以"江河之决皆天事"⑦为理由,力劝汉武帝不要投入大量财力与人力治理水患,"于是天子久之不事复塞也"⑧,以致"岁因以数不登,而梁楚之地尤甚"⑨。

　　汉武帝元封元年(前110年)封禅泰山后,巡视各地。途经洪泛区时,可能是亲眼看到灾区的凋敝和民生的悲惨,这才发觉自己受了大臣的蒙

---

① 《汉书》卷十《成帝纪》,第321页。
② 《后汉书》卷七《孝桓帝纪》,第300页。
③ 《史记》卷二九《河渠书》,第1405页。
④ 水利部黄河水利委员会:《黄河水利史述要》,水利出版社1982年版,第54页。
⑤ 《史记》卷二九《河渠书》,第1409页。
⑥ 《史记》卷二九《河渠书》,第1409页。
⑦ 《史记》卷二九《河渠书》,第1409页。
⑧ 《史记》卷二九《河渠书》,第1409页。
⑨ 《汉书》卷二九《沟洫志》,第1682页。

蔽,不了解灾区的实情,心里很难过,于是决心治理河患。元封二年(前109年)四月,"干封少雨",正值大河枯水期,这正是治河的有利时机。汉武帝遂派遣大臣汲仁和郭昌"发卒数万,塞瓠子决河"①。汉武帝还在出巡回京途中,专程亲临瓠子工地视察,并亲自指挥,先将白马、玉璧沉于河中,敬祀河神,并令"群臣从官自将军以下皆负薪填决河"②。柴草用尽,又令砍伐淇园的竹林,以竹做楗,继续填塞决口。决口被堵住之后,又在大河北侧新开二渠,引导河水北流。为了纪念这项重大治河工程竣工,还在瓠子新堤上修筑了宣房宫。此后80余年,"梁楚之地,复宁,无水灾"③。这次治河成功还产生了极其深远的社会影响,其显著的社会经济效益,极大地鼓舞了各地官吏和民众兴修水利的积极性。"自是之后,用事者争言水利"④,一时成为社会风气,并且很快遍及全国。朔方、西河、河西、酒泉等郡,皆引河川之水以溉田。关中、汝南、九江、东海、泰山等地,也都穿渠引水,溉田各万余顷。司马迁被全国性的兴修水利的局面所感动,作了《河渠书》:"余南登庐山,观禹疏九江,遂至于会稽太湟,上姑苏,望五湖;东窥洛汭、大邳、迎河、行淮、泗、济、漯洛渠;西瞻蜀之岷山及离碓;北自龙门至于朔方。曰:甚哉,水之为利害也!余从负薪塞宣房、悲《瓠子》之诗而作《河渠书》。"⑤

成帝建始四年(前29年),黄河又"决于馆陶及东郡金堤,泛溢兖、豫,入平原、千乘、济南,凡灌四郡三十二县,水居地十五万余顷,深者三丈,坏败官亭室庐且四万所"⑥,可见此次决口破坏性之大,范围之广。成帝遣河堤使者王延世治河,"以竹落长四丈、大九围,盛以小石,两船夹载而下之"⑦。经过36天的奋战,决口堵塞成功。有研究认为,此次堵口成功取决于科学的方法,这种方法近似于近代的立堵法。"两船夹载而下之",有可能是连船带竹石笼一齐沉于决口的意思。这次用竹石笼堵口,很有可能是先自口门两端分别向中间进堵,待口门缩窄到一定程度,再用沉船的方法

---

① 《汉书》卷二九《沟洫志》,第 1682 页。
② 《汉书》卷二九《沟洫志》,第 1682 页。
③ 《汉书》卷二九《沟洫志》,第 1684 页。
④ 《汉书》卷二九《沟洫志》,第 1684 页。
⑤ 《史记》卷二九《河渠书》,第 1415 页。
⑥ 《汉书》卷二九《沟洫志》,第 1688 页。
⑦ 《汉书》卷二九《沟洫志》,第 1689 页。

将竹石笼沉下,然后加土使决口塞合。① 但是,成帝河平二年(前27年),黄河"复决平原,流入济南、千乘,所坏败者半建始时"②。成帝又遣王延世治理,费时六个月才治好。平帝元始年间,"河、汴决坏,未及得修"③。王莽始建国三年(11年),"河决魏郡,泛清河以东数郡"④,王莽为此"征能治河者以百数",但他"崇空语,无施行者"⑤。直到东汉明帝永平十二年(69年),王景、将作谒者王吴修治汴渠和黄河,开辟了一条新河。从荥阳东至千乘海口1000余里地段修筑大堤,使河汴分流,河不侵汴。同时在汴堤每10里修一斗门,以调节洪峰,不至于危害堤岸。工程完工后,明帝行幸荥阳,巡回河渠,并下诏祭祀总结:"左堤强则右堤伤,左右俱强则下方伤,宜任水势所至之,使人随高而处,公家息壅塞之费,百姓无陷溺之患。……今既筑堤埋渠,绝水立门,河、汴分流,复其旧迹,陶丘之北,渐就壤坟,故荐嘉玉洁牲,以礼河神。"⑥史载此后800年黄河未再改道,说明此次治河成效非常显著。

两汉时期,治理河患具有以下特点:

1.专设治河的官员,提高治河效率。西汉后期,黄河决口频繁,造成巨大的财产损失和人员伤亡。因此,从西汉成帝开始,设有"河堤都尉"、"河堤谒者"等官职来负责治理黄河的事宜。《风俗通义》记载:"河堤谒者掌四渎。"⑦有学者认为河堤谒者"主管河川水利"⑧。东汉王景治河后,明帝"诏滨河郡国置河堤吏员,如西京如旧制"⑨。可见,西汉后期已经设置了专管黄河堤岸的官员。有时河堤谒者还亲自参与救灾。《水经注》卷八"济水"

---

① 水利部黄河水利委员会:《黄河水利史述要》,水利出版社1982年版,第64页。
② 《汉书》卷二九《沟洫志》,第1689页。
③ 《后汉书》卷七六《循吏列传》,第2464页。
④ 《汉书》卷九九《王莽传》,第4127页。
⑤ 《汉书》卷二九《沟洫志》,第1696～1697页。
⑥ 《后汉书》卷二《显宗孝明帝纪》,第116页。
⑦ 吴树平校译:《风俗通义校释》卷十《四渎》,天津古籍出版社1980年版,第373页。
⑧ [日]鹤间和幸:《中国古代的水系和地域权力》,载刘俊文主编:《日本中青年学者论中国史》(上古秦汉卷),上海古籍出版社1995年版,第496页。
⑨ 《后汉书》卷七六《循吏列传》,第2465页。

条引《汉官仪》云：酸枣县有"旧河堤谒者居之城西"①；《水经注》言有碑云：
"惟阳嘉三年二月丁丑，使河堤谒者王诲，疏达河川，遹荒庶土。往大河冲
塞，侵齿金堤，以竹笼石葺土而为竭。坏隤无已，功消亿万，请以滨河郡徒，
疏山采石垒以为障。功业既就，徭役用息，辛未诏书，许诲立功府卿，规基
经始，诏策加命，迁在沇州。乃简朱轩授使司马登，令缵茂前绪，称遂休
功。"②东汉时，河堤使者已经是常设水利官员。《大唐六典》言：东汉置河
堤谒者五人。③　西汉后期，除了这些常设河堤管理者外，还派遣使者检查
河防。《汉书》卷二九《沟洫志》载："哀帝初，平当使领河堤，奏言：'九河今
皆真灭，按经义治水，有决河深川，而无堤防雍塞之文。河从魏郡以东，北
多溢决，水迹难以分明。四海之众不可诬，宜博求能浚川疏河者。'"颜师古
注："为使而领其事。"可见皇帝因河防事务的需要而临时差遣平当视察河防。

　　2.卒是治河的主要力量，具有军事土木工程的特点。文帝十二年（前
168年）、武帝元光三年（前132年）、武帝元封二年（前109年）、成帝建始四
年（前29年）、成帝河平二年（前27年）、明帝永平十二年（69年）均遣卒治
河。④　在汉代，卒主要是指征集自兵役或力役中的平民。⑤　关于征用卒治
理水患的益处，有学者指出："早在战国时代，军队即已拥有军事土木工程
的技术及组织形态。其工程内容有构筑城郭、修筑长城、挖掘堑壕、建设道
路、营造池陂等，为汉代水利事业的开展提供了充分的技术准备。……水
工是隶属于军队的水利技术者，从事水利土木工程的技术指导。因此从战
国时代到前汉，军队的存在具有对付黄河溃决之非常期的作用。况且军队

----

　　①　（北魏）郦道元著，羽丰编：《水经注》卷八《济水》，远方出版社2005年版，第115
页。

　　②　（北魏）郦道元著，羽丰编：《水经注》卷七《济水》，远方出版社2005年版，第107页。

　　③　（唐）李隆基：《大唐六典》卷二三《将作》，三秦出版社1991年版，第426页。

　　④　关于武帝元光三年（前132年）的治河人力，《汉书·武帝纪》和《汉书·沟洫志》的
记载略有差异。《汉书·武帝纪》第163页载：元光三年五月，"河水决濮阳，氾郡十六。发
卒十万救决河"。《汉书·沟洫志》第1679页则载：黄河再次决于瓠子口，"东南注钜野，通
于淮、泗。于是天子使汲黯、郑当时与人徒塞之，辄复坏"。可能这次治河，士卒和人徒都
在征调范围。不过，汉代调用人徒仅此一次，卒是治理水患和通漕渠的主要力量。如武帝
元光年间，"令齐人水工徐伯表，发卒数万人穿漕渠"。又"发卒数万人作渠田"（《汉书》卷
二九《沟洫志》第1679、1680页）。

　　⑤　杨联陞：《从经济角度看帝制中国的公共工程》，载《国史探微》，辽宁教育出版社
1998年版，第155～156页。

实施工程具有一定的机动性,可以不受每年农忙期的制约,工程区域也无一定的限定,劳动力的来源也正好是正卒。战国时代的军事土木工程和大规模的黄河治水工程在形态上的相似,表明后者乃是前者的扩展,是由平时的军事土木工程向非常时的黄河治水工程的转换。"①的确,军队训练有素,组织能力强,因而自古至今,军队是实行救灾的主要力量,特别是一些重大灾害,是非调用军队不可的。况且,汉代农民本来就需要担负沉重的兵役和徭役,政府如果频繁地征调农民治水,无疑不利于农民的生计和农业生产。至于调用刑徒治河,其局限性是可想而知的。如元光三年(前132年)黄河决于瓠子口,"天子使汲黯、郑当时与人徒塞之,辄复坏"。造成"辄复坏"的因素固然是多方面的,但不排除刑徒治河缺乏积极性,甚至蓄意破坏的可能性。因此,汉政府很少动用刑徒治河。

总之,汉代治河取得了很大的成效,一定程度上保护了人民生命与财产的安全。不过,汉代仍以堵决筑堤为主要的治河手段。治理黄河最大的难题就是如何除沙,而筑堤防御只会抬高河床,无法解决淤泥沉积的问题。王莽时,大司马张戎针对"河水重浊,号为一石水而六斗泥"②的情况,主张利用河水自行冲刷来解决河床抬高的问题。这一治河思想在当时是难能可贵的,但未被当政者采纳。而且,这一主张也不能从根本上解决黄河淤泥沉积的问题。因为自古以来,黄河的淤泥多来自于中上游,治理下游的成果无论有多大,只要稍一停止或改变方式,泥沙就难免堆积。所以"仅在下游除沙,舍本逐末,结果还是难免徒劳"③,以致汉代时,黄河屡治屡决。当然,由于时代的局限性,我们不能过于苛求古人,毕竟水患不是一时能解决的事情,何况,当今也不能彻底解决黄河水患的问题。

---

① [日]藤田胜久:《汉代水利事业的发展》,载刘俊文主编:《日本中青年学者论中国史》(上古秦汉卷),第444页。

② 《汉书》卷二九《沟洫志》,第1697页。

③ 史念海:《黄河流域诸河流的演变与治理》,陕西人民出版社1999年版,第407页。

第三节　其他救灾措施

一、粮食赈济

自然灾害发生时,灾民生活没有着落,粮食是他们最急需之物。东汉时刘陶针对"货轻钱薄,故致贫困,宜改铸大钱"的言论指出:"……盖以为当今之忧,不在于货,在乎民饥。……窃见比年已来,良苗尽于蝗螟之口,杼柚空于公私之求,所急朝夕之餐,所患靡盬之事,岂谓钱货之厚薄,铢两之轻重哉? 就使当今沙砾化为南金,瓦石变为和玉,使百姓渴无所饮,饥无所食,虽皇羲之纯德,唐虞之文明,犹不能以保萧墙之内也。盖民可百年无货,不可一朝有饥,故食为至急也。"①所以,遇到严重的自然灾害,政府往往首先对灾民赈济谷食,以维持他们的基本生活。文帝后元六年(前 158年),大旱,蝗,文帝"发仓庾以振民"②。武帝元狩三年(前 120年),山东水灾,百姓饥乏,"于是天子遣使者虚郡国仓廥,以振贫民"③。元帝初元元年(前 48年)六月,关东发生饥荒,"民有菜色"。元帝诏"吏虚仓廪,开府库振救,赐寒者衣"④,以保证饥民的基本生活。

东汉时政府对灾民赈粮的次数更多。据统计,东汉赈济灾民钱粮的次数达 25次(西汉为 7次)。如建武六年(30年)正月,因旱、蝗灾害,粮价飞涨,光武帝下诏"令郡国有谷者,给禀高年、鳏、寡、孤、独及笃癃、无家属贫不能自存者,如《律》"⑤。赈谷数量最多的一次是光武帝建武三十一年(55年),每人六斛;建武三十一年(55年)五月,大水,"戊辰,赐天下男子爵,人二级;鳏、寡、孤、独、笃癃、贫不能自存者粟,人六斛"⑥。也有一次为五斛的,如建武三十年(54年)五月,大水,"赐天下男子爵,人二级;鳏、寡、孤、

---

① 《后汉书》卷五七《杜乐刘李刘谢列传》,第 1845～1846页。
② 《汉书》卷四《文帝纪》,第 131页。
③ 《史记》卷三十《平准书》,第 1425页。
④ 《汉书》卷九《元帝纪》,第 282～283页。
⑤ 《后汉书》卷一《光武帝纪》,第 47页。
⑥ 《后汉书》卷一《光武帝纪》,第 81页。

独、笃癃、贫不能自存者粟,人五斛"。明帝以后,对灾民赈谷的数量,一般不超过每人三斛。如明帝永平十八年(75年)四月,由于"自春已来,时雨不降,宿麦伤旱,秋种未下",明帝诏令赐"鳏、寡、孤、独、笃癃、贫不能自存者粟,人三斛"[1]。永元十二年(100年)三月,由于"比年不登,百姓虚匮。京师去冬无宿雪,今春无澍雨,黎民流离,困于道路",和帝诏令赐"鳏、寡、孤、独、笃癃、贫不能自存者粟,人三斛"[2];同年六月,"舞阳大水,赐被水灾尤贫者谷,人三斛"[3]。另外,安帝延光元年(122年)、桓帝永康元年(167年)的赐谷数量都是每人三斛。也有二斛的,如桓帝永寿元年(155年)六月,"洛水溢,南阳大水",诏令赐"坏败庐舍,亡失谷食,尤贫者禀,人二斛"[4]。汉代石、斛基本相等,一般平均每人每月口粮二石四斗八升,而成年劳动力每月口粮需三石。吕思勉认为,当时每人每日五升不能吃饱。[5]不过二斛的赈粮还能勉强维持一个人一个月的基本生活。

二、假民公田与赐民公田

公田作为政府掌握、支配的土地,是政府赈济贫民的重要资源。谷物赈济只能解决灾民的一时之需,只有赐(或借)给他们土地,为其提供基本的生产资料,才是长远之计。所以一旦发生灾荒,政府常常采用假民公田或赐民公田的办法来救恤灾民。如安帝时御史中丞樊准因"永初之初,连年水旱灾异"而上疏:"伏见被灾之郡,百姓凋残,恐非赈给所能胜赡……可依征和元年故事,遣使持节慰安。……且令百姓各安其所……""太后从之,悉以公田赋与贫人"。[6]可见,假民公田或赐民公田是汉政府安置灾民的措施之一。

昭帝元凤三年(前78年),"因民被水灾,颇匮于食"而"罢中牟苑赋贫

---

① 《后汉书》卷二《显宗孝明帝纪》,第123页。

② 《后汉书》卷四《孝和孝殇帝纪》,第186～187页。

③ 《后汉书》卷四《孝和孝殇帝纪》,第187页。

④ 《后汉书》卷七《孝桓帝纪》,第301页。

⑤ 吕思勉:《四史中的谷价》,载《吕思勉遗文集》,华东师范大学出版社1997年版,第61～62页。

⑥ 《后汉书》卷三二《樊宏阴识列传》,第1128页。

民";①宣帝地节元年(前 69 年)以后,假民公田的例子较多。宣帝地节三年(前 67 年)九月地震,十月下诏:"池籞未御幸者,假与贫民。……流民还归者,假公田,贷种、食,且勿算事。"②元帝初元二年(前 47 年)二月发生地震,三月诏令"罢黄门乘舆狗马,水衡禁囿、宜春下苑、少府佽飞外池、严籞池田假与贫民"③。出于救灾的需要,有时山林川泽也在假给的范围。如元帝初元元年(前 48 年),关东五谷不登,民多困乏,元帝诏令:"郡国被灾害甚者毋出租赋。江海陂湖园池属少府者以假贫民,勿租赋"④。

东汉时,假民公田多在和帝、安帝时期实行。和帝永元九年(97 年)六月,发生蝗灾和旱灾,和帝诏令,"其山林饶利,陂池渔采,以赡元元,勿收假税"⑤;永元十一年(99 年),和帝"遣使循行郡国,禀贷被灾害不能自存者,令得渔采山林池泽,不收假税"⑥。安帝永初元年(107 年)二月,诏"以广成游猎地及被灾郡国公田假与贫民"⑦;永初三年(109 年)三月,京师发生大饥荒,诏"以鸿池假与贫民"⑧。

除了假民公田外,汉政府还对灾民赐田,给其部分生产资料。如西汉平帝元始二年(2 年),数郡国发生旱灾和蝗灾,"青州尤甚,民流亡。……罢定安呼池苑,以为安民县,起官寺市里,募徙贫民,县次给食。至徙所,赐田宅什器,假与犁、牛、种、食"⑨。东汉明帝永平十三年(70 年)四月诏令:"自汴渠决败,六十余岁……今兖、豫之人,多被水患,乃去县官不先人急,好兴它役。……滨渠下田,赋与贫人。勿令豪右得固其利"⑩;章帝元和元年(84 年)二月诏令:"自牛疫以来,谷食连少,良由吏教未至,刺史、二千石不以为负。其令郡国募人无田欲徙它界就肥饶者,恣听之。到在所,赐给

---

① 《汉书》卷七《昭帝纪》,第 229 页。
② 《汉书》卷八《宣帝纪》,第 248~249 页。
③ 《汉书》卷九《元帝纪》,第 281 页。
④ 《汉书》卷九《元帝纪》,第 279 页。
⑤ 《后汉书》卷四《孝和孝殇帝纪》,第 183 页。
⑥ 《后汉书》卷四《孝和孝殇帝纪》,第 185 页。
⑦ 《后汉书》卷五《孝安帝纪》,第 206 页。
⑧ 《后汉书》卷五《孝安帝纪》,第 212 页。
⑨ 《汉书》卷十二《平帝纪》,第 353 页。
⑩ 《后汉书》卷二《显宗孝明帝纪》,第 116 页。

公田,为雇耕佣,赁种饷……"①

当然,假田与赐田不仅是救济灾民的措施之一,也是一般的贫困救济。这点在第四章进行阐述。

三、减免租税

为缓解因灾害而激化的阶级矛盾,给人民休养生息的机会,汉政府很重视减免农民的赋役。西汉初,由于连年战争,社会经济遭到严重破坏,统治者不得不调整统治思想,减轻赋役剥削。汉代农民的负担主要有赋税、徭役、兵役等。赋税的种类繁多,主要有以下几项:

1.土地税。汉代的田租以征收实物即谷物为主,不同时期征收标准不一。一般分为十五税一、十税一和三十税一三种,其中以三十税一实行的时间最长。西汉建国之初,田租实行十五税一。文景之时再次减轻或全免田租,最后确定租率为三十税一。东汉光武帝时也实行三十税一,这样的田租率在整个封建社会是最低的。

2.人头税,即口赋和算赋。这是国家按丁、口索取的一种财政收入。口赋或叫口钱,是向儿童征收的人头税。征收年龄从七岁至十四岁,"人二十三。二十钱以食天子,其三钱者,武帝加口钱,以补车骑马"②。算赋是向成年人征收的人头税,由十五岁至五十六岁,不论男女,每人每年向国家缴纳一百二十钱,称为一算。算赋用来治库兵车马,是汉代军费开支的重要来源。

3.徭役和兵役。主要有更卒、正卒、戍卒三种。更卒,即到各级官府服役。依照汉制,更卒的应役方式,既可以亲自赴役,也可出钱雇人代役。亲自服役者称践更,出钱雇人代役者称过更。汉初役期不一,刘邦时几年一次,一次五个月;文帝时改为一年一次,为期一月。正卒和戍卒是兵役。汉初规定,成年男子需要服兵役两年,一年任地方兵,称正卒,另一年任禁卫军或边防兵,称为戍卒或卫士。此外,还有各种杂税如盐税、矿产税、渔税、酒税、市租等税。

汉代因灾减免最多的税种是田租和人头税。有时租税并提,如宣帝本

---

① 《后汉书》卷三《肃宗孝章帝纪》,第145页。
② 《西汉会要》卷五一《食货二》如淳引《汉旧仪》注,第595页。

始三年(前 71 年),大旱,诏令受旱灾严重的郡国,民勿出租税;元帝初元元年(前 48 年)四月,元帝诏令关东"受灾的郡国免除租赋"。有时只减免田租,如昭帝始元二年(前 85 年)八月,因连年灾害而诏令毋出当年的田租;宣帝本始四年(前 70 年)地震,下诏免租;安帝永初七年(113 年),诏令"被蝗伤稼十五以上"的郡国,勿出当年的田租。有时只减免人头税,如宣帝地节三年(前 67 年)九月地震,十月诏令:欲返还原籍的流民,免除算赋。不过,比起减免田租,汉代减免口赋或算赋的力度不大。因为算赋和口赋是汉代政府最大的一项财政来源,远远超过田租的收入。正如唐代杜佑说:汉代赋税的征收是"舍地而税人"①。

　　免租税的期限是根据受灾的情况而定的,如果没有特别说明,一般情况下是一年,即减免当年的租税。如成帝鸿嘉四年(前 17 年)诏令:受灾面积达十分之四以上的郡国,民赀不满三万的民户,免去当年的田租和以前的欠税;②成帝绥和二年(前 7 年)秋,诏令受灾面积达十分之四以上的郡国,民赀不满十万的民户,免去当年的田租。③

　　东汉时,还实行同时免除田租和刍稿的救灾方式。有全免田租、刍稿的,甚至更役。建武二十二年(46 年)九月南阳发生地震,光武帝诏令南阳勿输当年田租、刍稿;永平十八年(75 年),发生牛疫,京师及三州大旱,明帝诏令"勿收兖、豫、徐州田租、刍稿"④;和帝永元四年(92 年)秋季,农作物遭到旱灾和蝗灾伤害,诏令减产十分之四以上的郡国,免除田租、刍稿;永元九年(97 年)六月下诏:"今年秋稼为蝗虫所伤,皆勿收租、更、刍稿;若有所损失,以实除之,余当收租者亦半之。其山林饶利,陂池渔采,以赡元元,勿收假税。"⑤也有减半收田租、刍稿的,如和帝永元十三年(101 年)秋八月,"荆州雨水",九月,诏令"天下半入今年田租、刍稿"。⑥

　　汉政府还因灾减免郡国上贡的珍馐异物。文帝前元元年(前 179 年)"四月,齐楚地震,二十九山同日崩,大水溃出",诏令"郡国无来献"。⑦安

---

①　(唐)杜佑:《通典》卷四一《食货四》,中华书局 1984 年版,第 26 页。
②　《汉书》卷十《成帝纪》,第 318 页。
③　《汉书》卷十一《哀帝纪》,第 337 页。
④　《后汉书》卷三《肃宗孝章帝纪》,第 132 页。
⑤　《后汉书》卷四《孝和孝殇帝纪》,第 183 页。
⑥　《后汉书》卷四《孝和孝殇帝纪》,第 188 页。
⑦　《汉书》卷四《文帝纪》,第 114 页。

帝永初五年(111年)正月,有十个郡国发生地震,二月,"诏省减郡国贡献太官口食"。①

汉代因灾减免租赋,减轻了灾民的负担,这既可缓和阶级矛盾,又起到恢复和促进生产的作用。

四、以工代赈

以工代赈,就是发生灾害后,灾民通过参加必要的社会公共工程的建设,而获得钱物的一种特殊的赈济方式,其实质就是对灾民实行有偿救济,这比单纯地进行施舍更有意义。这种做法,在春秋时期就已经出现。据《晏子春秋》记载:"(齐)景公之时饥,晏子请为民发粟,公不许。当为路寝之台,晏子令吏重其赁,远其兆,徐其日而不趋。三年,台成而民振。"②

平帝元始二年(2年),"郡国大旱,蝗,青州尤甚",平帝"遣使者捕蝗,民捕蝗诣吏,以石斗受钱"③。汉政府拨出专款鼓励民众捕蝗救灾,具有以工代赈性质。王莽地皇三年(22年)夏,"蝗从东方来,蜚蔽天……(王)莽发吏民设购赏捕击"④。王莽还针对河患频发,"征能治河者以百数"。时任司空掾的桓谭"典其议",认为:"凡此数者,必有一是。宜详考验,皆可豫见,计定然后举事,费不过数亿万,亦可以事诸浮食无产业民。空居与行役,同当衣食;衣食县官,而为之作,乃两便,可以上继禹功,下除民疾。"颜师古注:"言无产业之人,端居无为,乃发行力役,俱须衣食耳。今县官给其衣食,而使修治河水,是为公私两便也。"⑤但是由于经费的问题,王莽没有接受桓谭的意见。建武二十二年(46年)九月,"日者地震,南阳尤甚"。光武帝在救灾诏书中提出六条对策,其中一条就是"吏人死亡,或在坏垣毁屋之下,而家赢弱不能收拾者,其以见钱谷取佣,为寻求之"⑥,即要求赈灾官

---

① (宋)徐天麟:《东汉会要》卷三一《食货》,上海古籍出版社2006年版,第463页。如没有特别说明,以下注释中的《东汉会要》均为同一版本。

② 张纯一:《晏子春秋校注》,载国学整理社辑:《诸子集成》第4册,上海书店1986年版,第129页。

③ 《汉书》卷十二《平帝纪》,第353页。

④ 《汉书》卷九九《王莽传》,第4176页。

⑤ 《汉书》卷二九《沟洫志》,第1697～1698页。

⑥ 《后汉书》卷一《光武帝纪》,第74页。

员以现钱或稻谷雇佣灾民,寻找、挖掘埋在坏垣毁屋之下的伤亡者。不过,两汉时以工代赈的例子不多,可能是这一措施还不够完善的缘故吧。

五、节减开支

汉政府因灾节减开支的方法主要有三种:

1.减少皇室开支。包括减少宫廷费用、帝王膳食等。如文帝后元六年(前158年),"夏四月,大旱,蝗。令诸侯无入贡。弛山泽。减诸服御。损郎吏员"①。宣帝本始四年(前70年),连年歉收,诏令"太官捐膳省宰,乐府减乐人,使归就农业"②;元帝初元元年(前48年)六月,发生疾疫,元帝"令大官损膳,减乐府员,省苑马,以振困乏"③。王莽也提倡因灾减膳。天凤三年(16年)五月,王莽"下吏禄制度……其用上计时通计,天下幸无灾害者,太官膳羞备其品矣;即有灾害,以什率多少而损膳焉"④。

2.减少官俸。如王莽时,根据灾害情况来决定官吏的减俸比率。天凤三年(16年)五月,王莽令"自公卿以下,一月之禄十缫布二匹,或帛一匹。……今诸侯各食其同、国、则……多少之差,咸有条品。岁丰穰则充其礼,有灾害则有所损,与百姓同忧喜也"⑤;桓帝延熹五年(162年),"以京师水旱疾病,帑藏空虚,虎贲、羽林不任事者住寺,减半俸"⑥。

3.禁止酒沽。这是政府要求民众节约的做法。粮食是最重要的生活资料,而两汉饮酒成风,对酒的需求量很大,进而又影响到粮食的供求关系。文帝后元元年(前163年)就指出粮食不足的原因是"为酒醪以靡谷者多"⑦。为此,汉政府多次下令禁止酿酒、卖酒,或者将酿酒业收归官府,不准民间私自酿酒。景帝中元三年(前147年),"夏旱,禁酤酒"⑧。武帝时,加强了对沽酒的管理,天汉三年(前98年),"初榷酒酤"。应劭注曰:"县官

---

① 《汉书》卷四《文帝纪》,第131页。
② 《汉书》卷八《宣帝纪》,第245页。
③ 《汉书》卷九《元帝纪》,第280页。
④ 《汉书》卷九九《王莽传》,第4142页。
⑤ 《汉书》卷九九《王莽传》,第4142页。
⑥ 《后汉书》卷七《孝桓帝纪》注引《东观记》,第310页。
⑦ 《汉书》卷四《文帝纪》,第128页。
⑧ 《汉书》卷五《景帝纪》,第147页。

自酤榷卖酒,小民不复得酤也。"①昭帝始元六年(前81年),"诏郡国举贤良文学之士,问以民所疾苦,教化之要。皆对愿罢盐铁酒(榷)均输官,毋与天下争利,视以节俭,然后教化可兴。弘羊难,以为此国家大业,所以制四夷,安边足用之本,不可废也。乃与丞相千秋共奏罢酒酤"②,于是这年七月,"罢榷酤官,令民得以律占租"③,允许民间酿酒,但是提高了酿酒的税收。如淳注曰:"《律》,诸当占租者家长身各以其物占,占不以实,家长不身自书,皆罚金二斤,没入所不自占物及贾钱县官也。"颜师古注:"盖武帝时赋敛繁多,律外而取,今始复旧。"下文又云:"卖酒升四钱。"北宋史学家刘攽认为,"令民以律占租"和"卖酒升四钱"是一回事。"以律占租者,谓令民卖酒,以所得利占而输其租……租即卖酒之税也。卖酒升四钱,所以限民不得厚利尔。"④卖一升酒收四钱的酒税是很重的。政府通过此举,不但可以增加收入,还起到限制民间酿酒的目的。《后汉书·桓帝纪》载桓帝永兴二年(154年)九月诏曰:"朝政失中,云汉作旱,川灵涌水,蝗虫孳蔓……其禁郡国不得卖酒,祠祀裁足。"⑤不过,"也许是荒年百姓对资源的利用非常有理性,不用政府提醒节约,所以,汉代政府要求禁酒节约措施次数并不多"⑥。

第四节　救灾实践简评

汉代救灾措施的内容十分丰富,其经验对后世乃至当代都产生了深远的影响。汉代把先秦时期的荒政思想及救助思想付诸实施,奠定了后世赈灾济贫活动的模本。特别是汉政府已经认识到赈灾制度化的重要性,为了提高救灾的时效性,汉政府一方面致力于完善灾害的报告制度与救灾监督制度,以保证中央能及时制定救灾的政策措施并使之能得到贯彻落实;另

---

① 《汉书》卷六《武帝纪》,第204页。
② 《汉书》卷二十四《食货志》,第1176页。
③ 《汉书》卷七《昭帝纪》,第224页。
④ 《文献通考》卷十七《征榷四·榷酒》,第167页。
⑤ 《后汉书》卷七《孝桓帝纪》,第299~300页。
⑥ 段伟:《秦汉社会防灾减灾制度研究》,首都师范大学博士学位论文,2005年,第100页。

一方面又允许地方在救灾方面拥有一定的自主权(如地方官未上报而开仓放粮赈济灾民的往往可免罪)。同时,重视利用民间的力量来赈灾,这对于后世具有重要的借鉴意义。

汉代的救济措施具有以下几个特点:

第一,赈粮的标准总体不低。两汉遇灾赈粮(或贷粮)的次数是 32 次。其中,有明确数量的 7 次(分别为 54 年、55 年、75 年、100 年、122 年、155 年、167 年)。在 7 次具体量化的赈谷中,数量最多的一次是光武帝建武三十一年(55 年),每人六斛。有一次为五斛,建武三十年(54 年)五月,大水,"赐天下男子爵,人二级;鳏、寡、孤、独、笃癃、贫不能自存者粟,人五斛";明帝以后,对灾民赈谷的数量一般是每人三斛[如明帝永平十八年(75 年)、和帝永元十二年(100 年)、安帝延光二年(123 年)、桓帝永康元年(167 年)],只有一次是二斛的[桓帝永寿元年(155 年)]。这种赈粮标准是否能维持灾民的基本生活呢?汉代石、斛基本相等。据居延汉简记载:大男每月廪食三石、大女和子使男每月廪食二石一斗六升大,子使女和子未使男一石六斗六升大,子未使女一石一斗六升大[1],戍卒家属的这种廪给标准,大体可以视为不同年龄段的非丁男人口的最低口粮标准。据此推算,汉代一户五口之家,如果有两个大男,两个大女,一个子使男,其粮食月消费量为 $(2×3)+(2×2.16)+2.16=12.48$ 石,年消费量为 $12.48×12=149.76$ 石,平均每人每月口粮约 2.48 石;如果有三个大男,两个大女,其粮食月消费量为 $(3×3)+(2×2.16)=13.32$ 石,年消费量为 $13.32×12=159.84$ 石,平均每人每月口粮约 2.66 石。而成年劳动力每月口粮需 3 石。按照三斛或二斛的标准,赈粮基本能维持一个人一个月的基本生活。其他赈粮虽未具体量化,但是从"虚郡国仓廪振贫"、"县官大空"、[2]"诏吏虚仓廪"[3]等记载来看,汉政府还是重视救恤灾民的。只要储粮充足,政府一般会为灾民提供维持生存所需的粮食。自古,赈灾从未把受灾者多方面的需要都包下

---

　　① 汉代人年龄 15～56 岁称大男大女,7～14 岁称子使男子使女,1～6 岁称未使未使女。戍卒家属的粮食配给同戍卒一样,是按月发放的。各年龄段配给标准,《居延汉简》中有详细记载(参看谢桂华、李均明、朱国炤主编:《居延汉简释文合校》,文物出版社 1987 年版,第 41、98、317、376 页)。

　　②《汉书》卷二四《食货志》,第 1162 页。

　　③《汉书》卷九《元帝纪》,第 283 页。

来给予圆满解决的,在自然灾害不断的情况下,汉政府能以这种标准赈济灾民,实属难得。

第二,对灾民的赐钱数量有时尚可,有时则不够。赐钱主要用于安葬死者。成帝绥和二年(前7年)秋,多个郡国地震,河南、颍川两郡遭受水灾,"赐死者棺钱,人三千",颜师古注"赐钱三千以充棺"①,说明当时的棺材钱就需要三千。② 建武二十二年(46年)地震,"南阳尤甚","赐郡中居人压死者棺钱,人三千"③;桓帝建和三年(149年),八月京师大水,九月地震,十一月赐"有家属而贫无葬者,给直,人三千"④。但更多的是赐二千,还不够买口棺材。安帝建光元年(121年)十一月,"郡国三十五地震","遣光禄大夫案行,赐死者钱,人二千"⑤;安帝延光元年(122年),"京师及郡国二十七雨水,大风,杀人,诏赐压溺死者年七岁以上钱,人二千"⑥;顺帝永建三年(128年)正月丙子,京师地震,汉阳地陷,甲午,"诏实核伤害者,赐年七岁以上钱,人二千"⑦;顺帝永和三年(138年)二月,京师及金城、陇西地震,"赐压死者年七岁以上钱,人二千"⑧;桓帝永寿元年(155年)六月,洛水溢,南阳大水,诏"所唐突压溺物故,七岁以上赐钱,人二千"⑨;桓帝永康元年(167年)八月,六州大水,勃海海溢,"诏州郡赐溺死者七岁以上钱,人二千"⑩。甚至有平均每人不超过一千的,如平帝元始二年(2年),"郡国大旱,蝗,青州尤甚,民流亡","赐死者一家六尸以上葬钱五千,四尸以上三千,二尸以上二千",⑪这一标准显然是偏低的。因为汉代自然灾害频繁,大量的人员死亡,往往使棺材价钱也上涨。如景帝后元二年(前142年),"地震。民大疫死,棺贵,至秋止"。相比三千钱,平均不到一千的葬钱,是

① 《汉书》卷十一《哀帝纪》,第337~338页。
② 陈业新:《灾害与两汉社会研究》,上海人民出版社2004年版,第307页。
③ 《后汉书》卷一《光武帝纪》,第74页。
④ 《后汉书》卷七《孝桓帝纪》,第294页。
⑤ 《后汉书》卷五《孝安帝纪》,第234页。
⑥ 《后汉书》卷五《孝安帝纪》,第236页。
⑦ 《后汉书》卷六《孝顺孝冲孝质帝纪》,第255页。
⑧ 《后汉书》卷六《孝顺孝冲孝质帝纪》,第267页。
⑨ 《后汉书》卷七《孝桓帝纪》,第301页。
⑩ 《后汉书》卷七《孝桓帝纪》,第319页。
⑪ 《汉书》卷十二《平帝纪》,第353页。

太少了。

第三，赈济灾民的次数偏少。汉代赈灾的方式包括赈给食物（包括禀粮和贷粮）、赐钱、减免赋役、移食就民或移民就食、假田与赋田、收葬、赐布（衣）、致药等。据统计，两汉时大小灾害达 611 次，而史书有记载的赈灾次数仅 117 次，只及灾害次数的 19％，如表 3-1 所示。

表 3-1　汉代赈灾方式及次数统计表

	粮食赈济	赐钱	减免赋役	移食就民或移民就食	假田或赋田	收葬	赐布（衣）	致药	总计
高帝				1					1
文帝	1								1
景帝				1				1	2
武帝	1		4						5
昭帝			1		1				2
宣帝	1		3	1	1				6
元帝	1		2	2	2		2		9
成帝	2	1	2						5
平帝		1						1	2
王莽	1		1		1				3
光武帝	1	1	1	1		1		1	6
明帝	1		1		1				3
章帝	1				1				2
和帝	3		4		2			1	10
殇帝	1								1
安帝	4	3	4	1	2	2		1	17
顺帝	4	2	6			3			15
质帝	1					1			2
桓帝	7	3	1			3	1	2	17
灵帝			1					3	4
献帝	2		1					1	4
总计	32	11	28	11	11	10	3	11	117

其中,赈济粮食为 32 次,占赈灾次数的 28%;赐钱为 11 次,占赈灾次数的 9%;减免赋役为 28 次,占赈灾次数的 24%;移食就民或移民就食为 11 次,占赈灾次数的 9%;假田或赋田于民为 11 次,占赈灾次数的 9%;收葬为 10 次,占赈灾次数的 9%;赐布(衣)为 3 次,占赈灾次数的 3%;遇疾疫致药为 11 次,占赈灾次数的 9%。

相比之下,禳灾的次数较多。据《后汉书》本纪统计,仅灵帝时期,禳灾次数高达 20 次,献帝时也有 7 次,都高于同时期的实际救灾次数。从科学的角度分析,禳灾对自然灾害没有丝毫影响。虽然禳灾在选举贤良、安抚民心、稳定社会等方面具有一定的作用,但其具有很大的负面影响,主要表现为祭祀、祈祷的费用很高,这造成了社会资源的巨大浪费。"从经济角度看,祭祀耗费作为一种与国家政治及民众信仰密切相关的精神性消费支出,在两汉国家及社会各阶层人们的经济生活中都占有相当大的比重。"[①]据河北省元氏县出土的东汉三公山石碑记载,章帝建初四年(79 年)二月,一位延掾带着酒脯前去祭山求雨,果然天降雨水。从此,贡献酒脯和圭璧似乎变成定规,致使"于县愁苦"[②]。又如汉代为预防疾疫而举行的仪式——大傩,也要花费较高的费用。"方相氏黄金四目,蒙熊皮,玄衣朱裳,执戈扬盾。十二兽有衣毛角。中黄门行之,冗徒仆射将之,以逐恶鬼于禁中。夜漏上水,朝臣会,侍中、尚书、御史、谒者、虎贲、羽林、郎中将执事,皆赤帻陛卫。……"[③]因为大傩需要较高的费用,在国家财政发生困难时往往不能举行。如安帝永初三年(109 年),"旧事,岁终当飨遣卫士,大傩逐疫。太后以阴阳不和,军旅数兴,诏飨会勿设戏作乐,减逐疫伥子之半,悉罢象橐驼之属。丰年复故"[④]。

第四,汉政府救灾大多是及时的,但有时也滞后。如水灾方面:顺帝永建四年(129 年)五月,五州(司隶、荆、豫、兖、冀)发生水灾,八月才"实核死亡,收敛禀赐"[⑤],其间耽误了三个月。质帝本初元年(146 年)五月庚寅,

① 王柏中:《汉代祭祀财物管理问题试探》,《鞍山师范学院学报》1999 年第 1 期。
② 吕敏:《地方祠祭的举行和升格——元氏县的六通东汉石碑》,载"法国汉学"丛书编辑委员会编:《法国汉学》第七辑,中华书局 2002 年版,第 326 页。
③ 《后汉书》卷九五《礼仪》,第 3127 页。
④ 《后汉书》卷十《皇后纪》,第 424 页。
⑤ 《后汉书》卷六《孝顺孝冲孝质帝纪》,第 256 页。

"海水溢"。戊申(即九天后),才"使谒者案行,收葬乐安、北海人为水所漂没死者,又禀给贫羸"。① 地震方面:顺帝永建三年(128年)正月丙子,"京师地震,汉阳地陷裂"。甲午(即九天后),才"诏实核伤害者",对受灾人员进行救济。顺帝永和三年(前138年)二月,"京师及金城、陇西地震,二郡山岸崩,地陷"。到四月,顺帝才"遣光禄大夫案行"受灾地区,对灾民进行赐钱和减免赋税。② 顺帝汉安二年(143年)九月至次年正月,陇西、汉阳、张掖、北地等地地震183次,山谷坼裂,坏败城寺,正月才"遣光禄大夫案行,宣畅恩泽,惠此下民,勿为烦扰"③。桓帝建和三年(149年)九月己卯,地震。庚寅,地又震。到十一月份,已造成"京师厮舍,死者相枕,郡县阡陌,处处有之"④的惨状,这时桓帝才诏令对"贫无以葬者"赐钱,对不能自振的贫民禀谷,这些事例都发生在东汉中后期。这一时期,汉政府虽然救济灾民的次数最多,达51次,但是灾害极为频繁,达185次(安帝至桓帝时期)。加上这一时期政治动乱,财政严重困难,所以,救灾措施有时不及时是绝非偶然的。

　　总之,救灾制度是否完善,主要取决于国家财政和政治状况。有学者把两汉的防灾减灾分为僵滞期、创新高峰期、均衡期、僵滞期、逐步恢复期、坚持期、僵滞期等七个阶段,⑤这种分法是有一定道理的。因为,这种分法是基于经济和政治因素考虑的。财政是否充实、政治是否清明、政局是否稳定是影响政府救济工作的决定性因素,这在两汉表现得尤为明显。政局稳定、国力强盛时,汉政府比较重视对灾民的救济。一旦财政拮据、政局动荡,封建政府也就无暇顾及,力不从心,甚至对灾民加以盘剥,最终把灾民逼上反抗的道路。

---

① 《后汉书》卷六《孝顺孝冲孝质帝纪》,第281页。

② 《后汉书》卷六《孝顺孝冲孝质帝纪》,第267页。

③ 《后汉书》卷六《孝顺孝冲孝质帝纪》,第274页。

④ 《后汉书》卷七《孝桓帝纪》,第294页。

⑤ 段伟:《秦汉社会防灾减灾制度研究》,首都师范大学博士论文,2005年,第148～150页。

第四章　对社会弱势群体的救济

第一节　社会弱势群体

一、社会弱势群体的界定

弱势群体是个社会学的概念,是与人类社会相伴随的一种社会现象。如同个体生命会生病一样,弱势群体的存在,是社会病态的反映。联合国发展调查报告将弱势群体定义为"没有权力和权威的人,没有权力和权威而不能构成自己的代理人的人"[①]。学界一般以占有社会资源的多少作为判定弱势群体的标准。有的学者认为弱势群体是低收入群体。[②] 还有学者认为是竞争中的弱者。[③] 朱镕基同志于 2002 年九届全国人大五次会议上首次在《政府工作报告》中使用"弱势群体"这个表述后,"弱势群体"问题成了社会各界极为关注和重视的问题。不过何谓弱势群体,至今没有达成共识。一般说来,广义上的社会弱势群体,以政治、经济、文化和社会各个方面是否具有平等的对话权为衡量标准,凡是对事关自身利益的事项缺少

[①] 　[美]霍米巴巴:《弱势化:一种新的全球化》,《社会科学报》2002 年 8 月 8 日,转引自李明文:《和谐社会语境下的弱势群体报道研究》,武汉理工大学出版社 2013 年版,第 15 页。

[②] 　杨宜勇等:《公平与效率——当代中国的收入分配问题》,今日中国出版社 1997 年版,第 75 页。

[③] 　蔡勤禹:《国家社会与弱势群体——民国时期的社会救济(1927—1949)》,天津人民出版社 2003 年版,第 2 页。

发言权和意志自由的群体都可被称为弱势群体;狭义上的社会弱势群体,一般是以基本生存和生活条件为衡量指标,指的是个人及家庭生活达不到社会最低标准,且通过自身力量暂时无法改变现状的群体。① 人们通常所关注和研究的就是这个意义上的弱势群体。法学、社会学、政治学等学科都从其独特的研究视角出发,对"社会弱势群体"做了不同的界定。郑杭生认为:"社会脆弱群体是指凭借自身力量难以维持一般社会生活标准的生活有困难者群体。"②陈其文认为:"社会弱势群体是一个在社会资源分配上具有经济利益的贫困性,生活质量的低层次性和承受力的脆弱性的特殊群体。"③曲伶俐认为,弱势群体是指由于生理性原因和社会原因,在社会地位、财富分配、政治权力行使、法律权利享有方面处于相对不利地位以及在发展方面潜力相对匮乏的人群。④ 还有人指出,社会弱势群体为对社会公共权力资源介入程度极低,对社会公共经济资源控制程度极小,对社会公共财富分配影响程度极微,在社会发展中谋求尊重生存和自我发展能力严重不足的特殊的社会群体。⑤ 以上的概述表明了社会弱势群体的共同特征:经济贫困,生活困难,发展能力与机会不足,处于社会的边缘。弱势群体也是一个历史范畴,不同时代被赋予不同的内涵。蔡勤禹把民国时期的社会弱势群体分为难民、灾民、游民、失业者、鳏寡孤独残疾者、不幸妇女、手工业失业者等。⑥ 他所列举的对象,除了手工业者外,其他都为我国传统社会的弱势群体。古代没有"弱势群体"一词,这些人恰好是现代社会弱势群体中的主要成员,都处于社会的底层,缺乏经济基础,是社会中被救济的主要对象。因此,姑且借用现代通用的"弱势群体"来称之。

① 俞荣根、张立平:《社会弱势群体权利缺位的法律救济》,《重庆行政》2006 年第 3 期。
② 郑杭生等:《转型中的中国社会和中国社会的转型》,首都师范大学出版社 1996 年版,第 320 页。
③ 陈其文:《社会弱者论:体制转换时期社会弱者的生活状况与社会支持》,时事出版社 2000 年版,第 21 页。
④ 曲伶俐:《弱势群体刑法保护研究》,中国民主法制出版社 2013 年版,第 6 页。
⑤ 孔祥利、贾涛:《社会转型期我国弱势群体问题研究综述》,《人口与经济》2008 年第 3 期。
⑥ 蔡勤禹:《国家社会与弱势群体——民国时期的社会救济(1927—1949)》,天津人民出版社 2003 年版,第 10~18 页。

二、汉代贫富差距悬殊

汉代根据财产的多少,把民户划分为大家、中家、小家三个等级。十万以上或百万不等的为大家。其中,以百万以上为富民之产,以千万至万万为极富之产。家赀在四万以上到十万的为中家。文帝时,"百金,中人十家之产也",颜师古注:"中谓不富不贫。"[①]家赀能达到十金,多数是地主和商人。家赀不满三万的都属于小家。有时小家在遇到自然灾害时可免税。如成帝鸿嘉四年(前17年),水旱灾害严重,流民众多,诏令"被灾害什四以上,民赀不满三万,勿出租赋。逋贷未入,皆勿收"[②]。以不满千钱为极贫之产,[③]元帝初元元年(前48年),"以三辅、太常、郡国公田及苑可省者振业贫民,赀不满千钱者赋贷种、食"[④]。这种家赀不满千钱的就属于极贫民户了。两汉贫者是对小家,尤其是下户(家资在两万以下,包括贫民、细民)[⑤]等低收入群体的概括,主要为庞大的农民阶层,包括自耕农、佃农、雇农等。两汉国民经济以农业为主,自耕农和佃农占人口的大多数。以下计算汉代自耕农的年收入。据贾谊上书所言:"今农夫五口之家(贾文以两个大男,两个大女,一个子使男为例),其服役者不下二人,其能耕者不过百亩,百亩之收不过百石。"[⑥]此处"百亩"是指小亩,而"百石"则指大石。就整个汉代而言,一大亩年产粟大约3大石,一小亩年产粟2大石左右。耕种100亩的自耕农户,全年可收获粮食200大石左右。以每石100钱计算[⑦],则粮食

---

① 《汉书》卷四《文帝纪》,第134~135页。

② 《汉书》卷十《成帝纪》,第318页。

③ 瞿宣颖纂辑,戴维校点:《中国社会史料丛钞》,湖南教育出版社2009年版,第243页。

④ 《汉书》卷九《元帝纪》,第279页。

⑤ 朱绍侯:《秦汉土地制度与阶级关系》,中州古籍出版社1985年版,第201页。

⑥ 《汉书》卷二四《食货志》,第1132页。

⑦ 汉代粮价在不同时期有所波动。据《太平御览》记载:"谷至石数十钱。"[见(宋)李昉著:《太平御览》卷三五《时序部》,中华书局1960年版,第164页。如没有特别说明,以下注释中的《太平御览》均为同一版本。]又据《汉书》卷六九《赵充国辛庆忌传》第2979~2980页载:"粟石百余。"颜师古注:"皆谓直钱之数,言其贵。"本书采用学界常用的100钱来计算。李振宏认为:"学术界一般认为汉代谷百钱,百钱应看作是正常价格的上限。"(见李振宏:《居延汉简与汉代社会》,中华书局2003年版,第267~268页)

年收入为 20000 钱。除了粮食收入,还有纺织年收入 4000 钱[1]和农副业(果圃和家禽)年收入 2680 钱。[2] 五口的自耕农户年收入约为 26680 钱。扣除地税 667 钱(以三十税一计算:20000×1/30＝667 钱)、口钱 23 钱(一使男)、算钱 480 钱(二大男二大女)、更赋 300 钱,年收入还剩 25210 钱。上文已指出,汉代普通的五口之家,年消费粮食为 149.76 石。除粮食外,每人每月消费盐三升。[3] 赵充国为屯田上书汉宣帝时讲到其部下"合凡万二百八十一人",每月用"盐三百八斛",[4]即每人食盐 2.99 升,与汉简所载 3 升相差无几。据此估算,五口之家每月用盐 15 升,全年 180 升,共 18 斗。据汉简有关粟价和盐价的记载,[5]假定盐价每斗 30 钱,粟价每石 100 钱,五口之家全年用盐折粮 5.4 石。衣服的费用,我们采用林甘泉的计算方法,[6]按照战国李悝所说的衣服与粮食费用比例为 1:1.8 计算,汉代一户五口之家一年的衣服费用折成粮约需要 83 石。还有每年祭祀的费用 300 钱。另外,添置生产工具、迎来嫁娶、治病等费用不好计算。这样,汉代一户普通的五口之家每年的最低消费是(149.76＋5.4＋83)×100＋300＝24116 钱。可见,在正常的年景,占有百亩(小亩)土地的自耕农户基本能维持生活。但是,在汉代,拥有百亩土地的自耕农户是比较少的,特别是随着土地兼并趋于严重,大多数的自耕农拥有的土地不会超过 60 亩;更贫困的自耕农或半自耕农只有二三十亩土地。[7] 据《汉书·地理志》记载:平帝时期,"定垦田八百二十七万五百三十六顷。民户千二百二十三万三千六十二,口五千九百五十九万四千九百七十八"[8]。这是西汉极盛时期土地与民户

---

①　黄今言:《汉代自耕农经济的初步探析》,《中国经济史论坛》2004 年第 3 期。

②　陈英:《论西汉社会贫富差距与政府控制》,《甘肃社会科学》2006 年第 6 期。

③　中国社会科学院考古研究所编:《居延汉简甲乙编》(下),中华书局 1980 年版,第 135 页。

④　《汉书》卷六九《赵充国辛庆忌传》,第 2986 页。

⑤　陈直:《居延汉简综论·俸钱与口粮》,载《居延汉简研究》,天津古籍出版社 1986 年版。

⑥　林甘泉:《"养生"与"送死":汉代家庭的生活消费》,《经济社会史评论》第二辑,生活·读书·新知三联书店 2006 年版,第 31 页。

⑦　具体参看黄今言:《汉代自耕农经济的初步探析》,《中国经济史论坛》2004 年第 3 期。

⑧　《汉书》卷二八《地理志》,第 1640 页。

的情况,每户平均 0.67 顷,折 67 亩。江陵凤凰山简牍也反映了农户的田亩都不足百亩的情况。① 所以,大部分的自耕农户,如果没有其他经济来源,是无法维持正常生计的。而佃农的生活则更加困苦,他们没有土地,靠租种地主土地来维持生计。根据汉代租率,地主拿走其收获的一半当租金,其生活的窘迫程度是可想而知的,可见汉代农民是非常贫苦的。"富者田连仟陌,贫者亡立锥之地"②,是当时社会贫富分化的真实写照。在天灾人祸不断的年代,贫民"常衣牛马之衣,而食犬彘之食"③,甚至人相食。因此,为了缓和阶级矛盾,汉代统治者对社会弱势群体实施了一定的救济。

第二节　残疾者救济

残疾者自古以来为儒家主张救恤的主要群体之一。《礼记正义》云,"废疾非人不养者,一人不从政"④,这是以"一人不从政"的方法来恤养残疾之人。又云,"瘖、聋、跛躄、断者、侏儒,百工,各以其器食之",孔颖达疏:"瘖,谓口不能言。聋,谓耳不闻声。跛躄,谓足不能行。断者,谓支节解绝。侏儒,谓容貌短小。百工,谓有杂技艺。此等既非老无告,不可特与常饩。既有疾病,不可不养,以其病尚轻,不可虚费官物,故各以其器食之。器,能也。因其各有所能,供官役使,以廪饩食之"⑤,这是让残疾者以供官役的方式自养。《礼记》所记载的恤养残疾的思想,是后世救恤残疾者的理论根据。

一、残疾的类型

残疾是生命的固有现象,自从有了人类社会,就有了残疾人。残疾既是人类为生存而付出的代价,又为人类社会的发展提供了经验。残疾人是指心理、生理、人体结构上某种组织、功能丧失或不正常,全部或者部分丧

---

① 李均明、何双全编著:《散见简牍合辑》,文物出版社 1990 年版,第 70~72 页。
② 《汉书》卷四《食货志》,第 1137 页。
③ 《汉书》卷四《食货志》,第 1137 页。
④ 《礼记正义》卷二十《王制》,第 576 页。
⑤ 《礼记正义》卷二十《王制》,第 579 页。

失以正常方式从事某种活动的人。国际上对残疾人的分类主要有三种,其中两种各分九类,一种分七类,但都包括:视力残疾、听力残疾、言语残疾、肢体残疾、智力残疾、精神残疾、多重残疾和其他残疾在内的人。从历史角度看,"残疾"一词在南北朝已出现:"秋日正凄凄。茅茨复萧瑟。姬人荐初酝。幼子问残疾。"①其意思和今天略有差别,当指尚未治愈的疾病。而用一个字来表示残疾概念的,早在先秦时就有。《说文解字·餐部》云:"残,贼也。"②《说文通训定声》云:"《苍颉篇》:'残,伤也。'"③《战国策》记载:"张仪之残樗里疾也,重而使之楚。"④人受伤之后,肢体可能会残缺不全,于是由伤害的本义,派生出残缺、不完整的意义。如《礼记·曲礼》云,"刑人不在君侧",疏:"彼刑残者,不得令近君。"⑤也有用"废疾"一词表示残疾概念的,如《礼记·礼运》云:"矜、寡、孤、独、废疾者皆有所养。"⑥这里"废疾"即指残疾。在汉代常用"癃"、"笃癃"、"癃病"表示残疾之意。《周礼》云,"辨其贵贱老幼废疾",汉郑玄注引郑司农的话:"废疾,谓癃病也。"⑦又有"罢癃",《史记·平原君传》载:"臣不幸有罢癃之病。"⑧又有"癃疾",《汉书·贾山传》载:"臣闻山东吏布诏令,民虽老羸癃疾,扶杖而往听之。"⑨《汉书·高帝纪》颜师古注引如淳云:"高不满六尺二寸以下为罢癃。"⑩《汉书·杜周传》曰:"案师丹行能无异,及禄勋许商被病残人。"服虔注:"残,癃也。"⑪《淮南子·览冥》载:"平公癃病。"⑫高诱注:"癃病,笃疾。"《汉书·高

①　(隋)江总:《衡州九日诗》,载逯钦立辑校:《先秦汉魏晋南北朝诗·陈诗》卷八,中华书局1983年版,第2592页。
②　(汉)许慎撰,(清)段玉裁注:《说文解字注》,中州古籍出版社2006年版,第163页。如没有特别说明,以下注释中的《说文解字注》均为同一版本。
③　(清)朱骏声:《说文通训定声》,中华书局1984年版,第702页。
④　(汉)刘向集录,(南宋)姚宏、鲍彪等注:《战国策》卷三《秦一》,上海古籍出版社2015年版,第68页。
⑤　《礼记正义》卷三《曲礼》,第101、104页。
⑥　《礼记正义》卷二一《礼运》,第875页。
⑦　《周礼注疏》卷十一,第383页。
⑧　《史记》卷七六《平原君虞卿列传》,第2365页。
⑨　《汉书》卷五一《贾邹枚路传》,第2336页。
⑩　《汉书》卷一《高帝纪》,第37页。
⑪　《汉书》卷六十《杜周传》,第2679、2680页。
⑫　杨坚点校:《淮南子》卷六《览冥训》,岳麓书社2006年版,第262页。

帝纪》载:"年老癃病,勿遣。"颜师古注:"癃,疲病也。"①《汉书·食货志》载:"常有更赋,罢癃咸出。"此外,汉代诏书中常有"笃癃"一词,可解释为残疾或重病。所以,东汉皇帝在对贫困群体赐粟帛的诏书中把"笃癃"和"鳏寡孤独"相提并论。

二、政府对残疾者的赏赐和复除

汉代,主要是东汉,颁布救济残疾者等特殊群体的诏书非常多,赏赐很频繁。据史料记载,西汉时仅有汉武帝元狩六年(前117年)六月诏令提到对残疾人进行赏赐:"博士大夫等六人分循行天下,存问鳏寡废疾,无以自振业者贷与之。"②但东汉时,皇帝赏赐残疾者的事例很多,相关情况可参看本书第七章中的表7-1。

残疾人的复除政策,在先秦时期就已经实行了。不过,这一时期对残疾人的复除仅限于徭役。据《通典·食货四》记载,周代的司徒职责是"以岁时登其夫家之众寡,辨其可任者。……其舍者:国中贵者、贤者、能者、服公事者、老者、疾者皆舍"。郑玄注:"舍者,谓有复除舍不收役事也。……疾者,谓若今癃不可事者,复之。"③这同时说明,汉代残疾者也是复除的对象之一。又据《周礼》中郑玄注:"宽疾,若今癃不可事,不算卒,可事者半之也"④。贾公彦疏:"云'宽疾,若今癃不可事,不算卒'者,汉时癃病不可给事,不算计以为士卒,若今废疾者也。云'可事者半之也'者,谓不为重役,轻处使之,取其半功而已,似今残疾者也。是其宽饶疾病之法。"⑤徐天麟认为:"汉之有复除,犹《周官》之有施舍,皆除其赋役之谓也。"⑥马端临也认为:"《周官》及《礼记》所载周家复除之法,除其征役而已。至汉则并赋税除之。"⑦按照马端临的说法,汉代以前的减免只限定在力役方面,至汉代已扩大到租税,改变了汉以前对残疾人等只减免力役而不除

---

① 《汉书》卷一《高帝纪》,第71、72页。
② 《汉书》卷六《武帝纪》,第180页。
③ (唐)杜佑撰:《通典》卷四《食货四·赋税》,中华书局1984年版,第25页。
④ 《周礼注疏》卷十,第363页。
⑤ 《周礼注疏》卷十,第364页。
⑥ 《东汉会要》卷二九《民政》,第430页。
⑦ 《文献通考》卷十三《职役二·复除》,第142页。

田租的做法,具有时代意义。至于王莽提到的"汉氏减轻田租,三十而税一,常有更赋,罢癃咸出"的做法,只是暴政的表现,并不是西汉一贯的政策。

三、刑法对残疾者的优待

(一)减免残疾者的刑罚

《周礼》中就已有减免残疾者刑罚的记载。《唐律·户律》提到:"《周礼》'三赦'之法:一曰幼弱,二曰老耄,三曰蠢愚。今十岁合于'幼弱',八十是为'老愚',笃疾'蠢愚'之类,并合'三赦'之法。"①汉代在刑罚上优待老幼残疾等人士,以为"仁政"。如景帝后元三年(前141年)诏令:"年八十以上,八岁以下,及孕者未乳,师、朱儒当鞠系者,颂系之。"②颂,即宽宥,意思是老幼、孕妇、残疾者等在监禁期间,可以免戴刑具。这一点,在甘肃武威出土的"王杖诏令册"中得到了证实:"孤、独、盲、珠孺,不属律人。吏毋得擅征人,狱讼毋得系。"③其中,"狱讼毋得系"是指不受桎梏之刑。和帝永元十一年(99年)二月,诏令"郡国中都官徒及笃癃老小女徒各除半刑,其未竟三月者,皆免归田里"④。

(二)废除肉刑

肉刑是造成残疾的刑罚。前元十三年(前167年),文帝悲怜齐太仓令淳于公之女缇萦代父受刑之举,除去肉刑。⑤ 文帝认识到:"夫刑至断支体、刻肌肤,终身不息,何其刑之痛而不德也!"⑥景帝将文帝"去肉刑"之举

---

① 钱大群:《唐律疏义新注》卷四《老小病残有犯之处置》,南京师范大学出版社2007年版,第129页。

② 《汉书》卷二三《刑法志》,第1106页。

③ 甘肃省文物工作队编:《汉简研究文集》,甘肃人民出版社1984年版,第35页。

④ 《后汉书》卷四《孝和孝殇帝纪》,第185页。

⑤ 《汉书》卷二三《刑法志》第1099页记载其具体做法:"诸当完者,完为城旦舂;当黥者,髡钳为城旦舂;当劓者,笞三百;当斩左止者,笞五百;当斩右止,及杀人先自告,及吏坐受赇枉法,守县官财物而即盗之,已论命复有笞罪者,皆弃市。罪人狱已决,完为城旦舂,满三岁为鬼薪白粲。鬼薪白粲一岁,为隶臣妾。隶臣妾一岁,免为庶人。隶臣妾满二岁,为司寇。"

⑥ 《汉书》卷二三《刑法志》,第1098页。

与"赏赐长老,收恤孤独,以育群生"相提,赞颂文帝"德厚侔天地,利泽施四海"。① 除去肉刑,会大量减少残疾人的数量,这是刑法史上的一次重大进步。明代邱浚高度评价文帝废除肉刑之举,认为:"自是以来,天下之人犯法者,始免断支体,刻肌肤,百世之下,从得以全其身、不绝其类者,文帝之德大矣。"②

汉代在刑法上优待残疾者的意义是重大的,这不仅有利于减少人为造成的残疾人数量,还有利于保护生产力。

第三节 优恤妇女、儿童

一、优恤妇女

先秦时期,妇女就已经享有一些特殊的照顾,如《诗经·小雅·大田》记载:"彼有遗秉,此有滞穗,伊寡妇之利。"③遗秉,是指遗漏在田中的禾穗。妇人丧夫,孤苦无助,因此,允许其靠拾取"遗秉"和"滞穗"为生,这是目前所见最早的救济贫困寡妇的事例。虽然这只是当时的一种风俗习惯,并未形成定制,却显示了社会对弱势群体的照顾。汉代也制定了相应的法规,来保障妇女的权利。

(一)减轻妇女刑罚

汉代刑法对妇女的犯罪行为往往采取宽大处理的原则,如《二年律令·具律》规定:"有罪当黥,故黥者劓之,故劓者斩左止(趾),斩左止(趾)者斩右止(趾),斩右止(趾)者府(腐)之。女子当磔若要(腰)斩者,弃市。当斩为城旦者黥为舂,当赎斩者赎黥,当耐者赎耐。"④意思是指:如果妇女被判作磔刑,即肢解身体的酷刑,或腰斩时,以弃市处死。当女子被判"斩

① 《史记》卷十《孝文本纪》,第436页。
② (明)邱浚著,林冠群、周济夫校点:《大学衍义补》卷一二〇《慎刑宪·定律令之制》,京华出版社1999年版,第879页。
③ 唐莫尧译注:《诗经新注全译》,巴蜀书社2004年版,第540页。
④ 张家山二四七号汉墓竹简整理小组:《张家山汉墓竹简》,文物出版社2006年版,第21页。

为城旦"之刑时,则从宽处以"黥为舂"。被判为"赎斩"时,则从宽处以"赎黥"。被判为耐刑时,则仅交纳一定的财物赎罪即可。这是在行刑上对女性的特殊照顾。当处耐刑时从宽处以赎耐。这是在行刑上对女性的照顾。汉代还有一种专门针对女性的刑罚——顾山(亦称雇山)。《汉书·平帝纪》记载:"天下女徒已论,归家,顾山钱月三百。"如淳注:"已论者,罪已定也。令甲,女子犯罪,作如徒六月,顾山遣归。说以为当于山伐木,听使入钱顾功直,故谓之顾山。"应劭曰:"旧刑鬼薪,取薪于山以给宗庙,今使女徒出钱顾薪,故曰顾山。"颜师古注:"如说近之。谓女徒论罪已定,并放归家,不亲役之,但令一月出钱三百,以顾人也。为此恩者,所以行太皇太后之德,施惠政于妇人。"[1]东汉光武时期,继续推行这一做法。建武三年(27年)七月诏令:"吏不满六百石,下至墨绶长、相,有罪先请。……女徒雇山归家。"[2]可见,"女徒顾山"是从鬼薪演变而来的,是一种以钱赎罪的比较轻的刑罚,这体现了汉代对女性恤刑的思想。这一思想对后世的刑法产生了影响,如《大明律·名例律》"工乐户及妇人犯罪"条规定:"其妇人犯罪应决杖者……若犯徒流者,决杖一百,余罪收赎。"[3]这与汉代女徒"顾山"是一脉相承的。汉代还往往把妇女同老、幼一概作为减轻刑罚的对象。平帝元始四年(4年)下诏谕示:"妇女非身犯法,及男子年八十以上七岁以下,家非坐不道,诏所名捕,它皆无得系。"[4]光武帝建武三年(27年)七月诏令:"男子八十以上,十岁以下,及妇人从坐者,自非不道、诏所名捕,皆不得系。"[5]这既是对老、幼、妇女的保护,又体现了汉代的宽刑政策。

(二)推行生养制度

汉代的生养制度是保障妇女权利的重要举措。由于秦末战乱,人口锐减,为了增加人口,弥补劳动力的不足,汉代政府积极鼓励生育,并制定相应的保护妇女的政策。高帝七年(前200年)颁布《产子复令》:"民产子,复勿事二岁。"[6]即生育孩子的家庭,可免除该家庭两年的徭役。而对到了适

---

① 《汉书》卷十二《平帝纪》,第351~352页。

② 《后汉书》卷一《光武帝纪》,第35页。

③ 怀效锋点校:《大明律》卷一《名例律》,辽沈书社1990年版,第11页。

④ 《汉书》卷十二《平帝纪》,第356页。

⑤ 《后汉书》卷一《光武帝纪》,第35页。

⑥ 《汉书》卷一《高帝纪》,第63页。

婚年龄而未出嫁的女子,则予以惩罚。惠帝元年(前194年)诏令:"女子年十五以上至三十不嫁,五算。"应劭注:"汉律人出一算,算百二十钱,唯贾人与奴婢倍算。今使五算,罪谪之也。"①这是通过征收高于奴婢和商人的算钱来强迫适龄女子出嫁。文帝前元十二年(前168年)二月,"出孝惠皇帝后宫美人,令得嫁"②,这是文帝的一项德政。晁错在与文帝对话时讲到:"今陛下配天象地,覆露万民,绝秦之迹,除其乱法……后宫出嫁,尊赐孝悌,农民不租……所为天下兴利除害,变法易故,以安海内者,大功数十,皆上世之所难及,陛下行之,道纯德厚,元元之民幸矣。"③哀帝时继续实行这一法规:"掖庭宫人年三十以下,出嫁之。"④东汉章帝元和二年(85年)又颁布了《胎养令》:"《令》云:'人有产子者复,勿算三岁。'今诸怀孕者,赐胎养谷人三斛,复其夫,勿算一岁,著以为令。"⑤这既是保护胎儿,又是保护妇女的法令。《胎养令》是对西汉《产子复令》的继承和发展。相比《产子复令》,《胎养令》给予妇女及其所在的家庭更多的优惠:生育的妇女,可免除三年的算赋;孕妇每人赐谷三斛,免除其丈夫一年的算赋。两汉的生养政策一方面有利于增加人口和劳动力,另一方面又体现了政府对妇女权益的维护。张家山汉简里也有关照寡妇的内容:"寡夫、寡妇毋子及同居,若有子,子年未盈十四,及寡子年未盈十八,及夫妻皆癃(癃)病,及老年七十以上,毋异其子;今毋它子,欲令归户入养,许之。"⑥即允许鳏寡之人收养子女,以助赡养。这既是对幼孤的保护,又是对鳏寡权利的维护。

(三)释放奴婢,禁止滥杀奴婢

高帝五年(前202年)诏令:因饥饿而沦为奴婢者,"皆免为庶人"。⑦ 文帝后元四年(前160年)五月,"免官奴婢为庶人"。⑧ 武帝建元元年(前140年),"赦吴楚七国奴输在官者"。应劭注:"吴楚七国反时,其首事者妻子没

---

① 《汉书》卷二《惠帝纪》,第91页。
② 《汉书》卷四《文帝纪》,第123页。
③ 《汉书》卷四九《爰盎晁错传》,第2296~2297页。
④ 《汉书》卷十一《哀帝纪》,第336页。
⑤ 《后汉书》卷三《肃宗孝章帝纪》,第148页。
⑥ 张家山二四七号汉墓竹简整理小组:《张家山汉墓竹简》,文物出版社2006年版,第55页。
⑦ 《汉书》卷一《高帝纪》,第54页。
⑧ 《汉书》卷四《文帝纪》,第130页。

入为官奴婢,武帝哀焉,皆赦遣之也。"①元帝时,贡禹提到,"官奴婢十余万,游戏亡事"②,劝谏放免这些奴婢为庶人。哀帝即位,诏令:"官奴婢五十以上,免为庶人。"③东汉光武帝仅在建武十一年(35 年)到十四年(38年)期间,就先后六次(建武十一年二月、八月、十月,建武十二年、十三年、十四年)④颁布释放奴婢或禁止残害奴婢的诏令。释放的奴婢包括因贫穷而被卖者、王莽时没入官者、战乱时被掠卖者等。安帝永初四年(110 年),"诏自建初以来,诸祅言它过坐徙边者,各归本郡;其没入官为奴婢者,免为庶人"⑤。以上举措,使很多奴婢恢复了平民身份,奴婢的人格受到了重视。汉政府还重视维护奴婢的权益,如有虐待、滥杀奴婢者,无论尊卑,都要受到严厉的惩处。武帝时,董仲舒劝谏武帝"去奴婢,除专杀之威",服虔注:"不得专杀奴婢也。"⑥宣帝时太仆杜延年因"坐官奴婢乏衣食"而被免官。⑦ 哀帝时,王莽"中子获杀奴,莽切责获,令自杀"⑧。东汉首乡侯段普的曾孙段胜,"坐杀婢,国除"。⑨ 光武帝建武十一年(35 年)二月诏令,"天地之性人为贵。其杀奴婢,不得减罪⑩;同年六月,诏令:"敢灸灼奴婢,论如律,免所灸灼者为庶[人]。"⑪"这些规定,反映了其时从法理上来说实质上已承认奴婢是人,只是认为他们的地位低于庶人罢了。"⑫

奴婢甚至能得到士大夫或官僚的同情。东汉经学家郑玄,常常教导婢女读书。文学家蔡邕在《青衣赋》中,对婢女寄以深切的同情。曹操体恤婢女,死前曾留一道遗命,意思是:我的婢女,在我生前非常勤苦;我死以后,

① 《汉书》卷六《武帝纪》,第 157 页。
② 《西汉会要》卷四九《民政四》,第 573 页。
③ 《汉书》卷十一《哀帝纪》,第 336 页。
④ 《后汉书》卷一《光武帝纪》,第 57~59、63 页。
⑤ 《后汉书》卷五《孝安帝纪》,第 215 页。
⑥ 《汉书》卷二四《食货志》,第 1137、1138 页。
⑦ 《汉书》卷六十《杜周传》,第 2665 页。
⑧ 《汉书》卷九九《王莽传》,第 4043 页。
⑨ (汉)刘珍撰,吴树平校注:《东观汉记校注》卷十九《段普传》,中州古籍出版社1987 年版,第 846 页。
⑩ 《后汉书》卷一《光武帝纪》,第 57 页。
⑪ 《后汉书》卷一《光武帝纪》,第 58 页。
⑫ 施伟青:《秦汉时期的私家奴婢新探》,载《中国古代史论丛》,岳麓书社 2004 年版,第 178 页。

你们要好好照料她们。① 说明在汉代,奴婢的问题开始受到重视,奴婢的地位有了提高。

二、优恤儿童

中国古代的儿童优恤思想可以追溯到 3000 多年前。《易经》提到"蒙以养正"②,这是我国最早的育幼理念。《礼运·大同》中有"幼有所长"和"幼吾幼以及人之幼"的论述,这既是一种原始的博爱,又是一种原始的人道主义的体现。《周礼》称:"以保息六政养万民,一曰慈幼,二曰养老,三曰赈穷,四曰恤贫,五曰宽疾,六曰安富。"③将"慈幼"列在"保息六政"之首,足见周代已颇为重视对儿童的优恤。汉代继承了这一优良传统。

(一)慈幼

经秦末战乱,西汉初,人口减半。汉政府为了增加人口,制定了相关的法规以鼓励生育。高帝七年(前 200 年)春,颁布《产子复令》:"民产子,复勿事二岁。"④东汉光武帝时,诏令民有"产子者",免除三年之算。章帝元和二年(85 年),颁布《胎养令》,规定:"今诸怀孕者,赐胎养谷人三斛,复其夫,勿算一岁,著以为令。"⑤这些措施,起到了减轻产子家庭的负担,同时鼓励民众生育的作用,使他们能够更好地照顾婴儿。所以,这些法规一定程度上体现了汉代的慈幼思想。

汉代有的地方官吏也颇关心儿童,如汉代石碑《耿勋碑》记载:"其于统系,宠存赠亡,笃之至也。岁在癸丑,厥[运淫]雨,伤害稼穑,率土普[议],开仓振澹。……老者得终其寿,幼者得以全育。"⑥由于灵帝时武都太守耿勋善于抚恤民众,赈济贫民,慈育养老,因此,灵帝熹平三年(174 年),百姓特镌刻石碑以褒扬其功绩。

汉代慈幼的另一表现就是严惩"产子不举"行为。"产子不举"是中国古代的恶行,先秦时就已存在,到汉代,这一现象更加普遍。这种恶行除了

① 刘士圣:《中国古代妇女史》,青岛出版社 1991 年版,第 139～140 页。
② 黄寿祺、张善文译注:《周易译注》(上),上海古籍出版社 2007 年版,第 35 页。
③ 《周礼注疏》卷十,第 363 页。
④ 《汉书》卷一《高帝纪》,第 63 页。
⑤ 《后汉书》卷三《肃宗孝章帝纪》,第 148 页。
⑥ 高文:《汉碑集释》,河南大学出版社 1985 年版,第 415 页。

与当时民间一些荒唐的礼俗有关，①主要还是由贫困导致的。汉武帝时规定："民产子三岁则出口钱，年二十及算。"②汉末，出口钱的年龄提前至一岁。③这对许多百姓来说是个沉重的负担，以致不少贫困者，"生子辄杀"。针对这种行为，秦时就制定了相关的处罚条例。睡虎地秦简《法律答问》规定："擅杀子，黥为城旦舂。其子新生而有怪物其身及不全而杀之，勿罪。今生子，子身全殹（也），毋（无）怪物，直以多子故，不欲其生，即弗举而杀之，可（何）论？为杀子。"④从中可以看出，一方面，秦代敌视残疾儿童，允许匿杀刚出生的残疾婴儿；另一方面，保护健康的婴儿。但是保护的力度不大：对杀子的行为只处以城旦舂。汉代时，不少官吏颇为关注"产子不举"现象，如元帝时御史大夫贡禹认为此恶行"甚可悲痛"，并上书元帝建议"宜令儿七岁去齿乃出口钱，年二十乃算"。⑤他希望通过减轻贫困家庭的负担来避免这种悲剧的发生。东汉末邵陵令郑浑针对"天下未定，民皆剽轻，不念产殖；其生子无以相活，率皆不举"的情况，督促民众耕桑，"又兼开稻田，重去子之法"，通过此举来增加民众的收入。果然，百姓"后稍丰给，无不举赡；所育男女，多以郑为字"。⑥甚至有的官吏针对民产子多不举现象而代出口钱，如东汉末，郑产为白土乡啬夫时，"敕民勿得杀子，口钱自当代出，因名其乡曰'更生乡'"⑦。在汉代，对"生子辄杀"的处罚力度也加大，处死"生子辄杀"者似乎已成为汉代不成文的惯例。桓帝时贾彪任新息长，"小民困贫，多不养子，彪严为其制，与杀人同罪。城南有盗劫害人者，北有妇人杀子者，彪出案发，而掾吏欲引南。彪怒曰：'贼寇害人，此则常理，母子相残，逆天违道。'遂驱车北行，案验其罪……数年间，人养子者千

---

①　"产育禁忌"是汉代"产子不举"的原因之一。"产育禁忌"包括"产孕异常"和"时日禁忌"。详见李贞德：《汉隋之间的"生子不举"问题》，《"中央研究院"历史语言研究所集刊》1995年；王子今：《秦汉"生子不举"现象和弃婴故事》，《史学月刊》2007年第8期。

②　《汉书》卷七二《王贡两龚鲍传》，第3075页。

③　《太平御览》卷一五七《州郡部》引《零陵先贤传》，第763、764页。云："郑产，泉陵人。为白土啬夫。汉末产子一岁，辄出口钱。"

④　睡虎地秦墓竹简整理小组：《睡虎地秦墓竹简》，文物出版社1978年版，第181页。

⑤　《汉书》卷七二《王贡两龚鲍传》，第3075页。

⑥　（西晋）陈寿：《三国志》卷十六《魏书·任苏杜郑仓传》，中华书局1959年版，第509页。如没有特别说明，以下注释中的《三国志》均为同一版本。

⑦　《太平御览》卷一五七《州郡部》引《零陵先贤传》，第764页。

数,金曰:'贾父所长。'生男名为'贾子',生女名为'贾女'"。^① 酷吏王吉任沛相时,"若有生子不养,即斩其父母,合土棘埋之"。此种做法虽然残忍,但对当地的杀子者有很大的震慑力,"见者骇惧"^②。尽管对不少贫困民众来说,"产子不举"也实属迫不得已,^③但毕竟残害幼小违背天理和人伦。汉代统治者严加禁止的主要原因是出于增加人口、以增加口赋钱的考虑,但并不排除出于保护幼小的考虑。有学者认为:"尽管现存文献的残缺使我们无法窥见当时有关法规的全貌,但可以肯定,重视儿童保护是秦汉王朝四个世纪一以贯之的国策。"^④这是有一定道理的。

(二)恤孤

1.政府恤孤

《礼记》记载:"少而无父者谓之孤。"^⑤汉代政府救济孤儿的例子颇多。如文帝前元元年(前179年),立皇后,"赐天下鳏寡孤独穷困及年八十以上、孤儿九岁以下布帛米肉各有数"^⑥。赐米时,特别强调必须保证米的质量,不得以"陈粟"敷衍了事。前元十三年(前167年)六月,文帝又诏令:"除田之租税。赐天下孤寡布帛絮各有数。"^⑦景帝后元二年(前142年)四月下诏:"强毋攘弱,众毋暴寡,老耆以寿终,幼孤得遂长。"颜师古注:"'遂',成也。"^⑧即不得欺凌幼小,要重视照顾"幼孤",使其顺利成长。元狩元年(前122年),武帝怜悯"老毛孤寡鳏独或匮于衣食",诏令谒者巡行天下,"存问致赐"。^⑨武帝元封五年(前106年)夏四月,诏令赏赐"鳏寡孤独帛,贫穷者粟"^⑩。司马相如的《子虚赋》中也提到汉武帝恤孤的事迹:"于是酒中乐酣,天子茫然而思,似若有亡。曰:'嗟乎,此泰奢侈!朕以览

---

① 《后汉书》卷六七《党锢列传》,第2216页。

② 《后汉书》卷七七《酷吏列传》,第2501页。

③ 赵浴沛:《两汉家庭内部关系及相关问题研究》,湖北人民出版社2006年版,第221页。

④ 王子今:《秦汉"生子不举"现象和弃婴故事》,《史学月刊》2007年第8期。

⑤ 《礼记正义》卷二十《王制五》,第578页。

⑥ 《史记》卷十《孝文本纪》,第420页。

⑦ 《汉书》卷四《文帝纪》,第125页。

⑧ 《汉书》卷五《景帝纪》,第151~152页。

⑨ 《汉书》卷六《武帝纪》,第174页。

⑩ 《汉书》卷六《武帝纪》,第196页。

听余闻,无事弃日,顺天道以杀伐,时休息于此,恐后世靡丽,遂往而不反,非所以为继嗣创业垂统也。'于是乃解酒罢猎,而命有司曰:'地可以垦辟,悉为农郊,以赡萌隶;溃墙填堑,使山泽之民得至焉。实陂池而勿禁,虚宫观而勿仞。发仓廪以振贫穷,补不足,恤鳏寡,存孤独。出德号,省刑罚,改制度,易服色,更正朔,与天下为始'。"①此外,昭帝元平元年(前74年),宣帝地节三年(前67年)、元康元年(前65年)、神爵元年(前61年)、神爵四年(前58年)、五凤三年(前55年)、甘露二年(前52年)、甘露三年(前51年)都颁布诏令,对鳏寡孤独及高年者进行不同程度的赏赐和抚恤。敦煌悬泉汉简中有《四时月令诏条》,其中,《使者和中所督察诏书四时月令五十条》有"存诸孤"的记载,②说明平帝时期也有关于恤孤的诏令。东汉时,皇帝同样是把幼孤与其他弱势群体一样看待,作为"给廪"、"赐粟"、"赐谷"、"赐帛"的对象,并诏令有关官吏务必尽职。如东汉建武六年(30年)正月,因连年受灾,"谷价腾跃,人用困乏",光武帝诏令:"郡国有谷者,给禀高年、鳏、寡、孤、独及笃癃,无家属贫不能自存者,如《律》。二千石勉加循抚,无令失职。"明帝时,下诏责成地方官吏刺史、太守务必做到"详刑理冤,存恤鳏孤,勉思职焉"③。章帝元和三年(86年)正月诏令:"其婴儿无父母亲属,及有子不能养食者,禀给如《律》。"④"如'《律》'禀给可以说明,东汉已把对孤儿等弱势群体的救济以法律的形式固定下来。"⑤

2.民间抚孤

政府对幼孤的优恤是有限的,抚孤问题更多依靠社会及民间的力量来解决。所以,政府支持民间收养孤儿,并对这一行为加以规范。张家山汉简《二年律令·户律》就有规定:未满十四岁的单亲孤儿和未满十八岁、失去双亲的孤儿,不得独居,但是准许无儿的民户收养他们。以"今毋它子"为收养的必要条件,是为了保护孤儿的利益,以避免孤儿被收养后遭到虐待。

---

① 《史记》卷一一七《司马相如列传》,第3041页。
② 胡平生、张德芳编撰:《敦煌悬泉汉简释粹》,上海古籍出版社2001年版,第192~193页。
③ 《后汉书》卷二《显宗孝明帝纪》,第117页。
④ 《后汉书》卷三《肃宗孝章帝纪》,第154页。
⑤ 王文涛:《秦汉社会保障研究——以灾害救助为中心的考察》,中华书局2007年版,第168页。

宗族、姻亲、朋友是民间抚孤的主要力量。在宗法关系网严密的中国古代社会,宗族内部的收养,是救济孤儿的最主要方式。在汉代,宗族收养孤儿的事例很多。西汉河东平阳人尹翁归"少孤,与季父居"。[①] 王莽"受礼经,师事沛郡陈参,勤身博学,被服如儒生。事母及寡嫂,养孤兄子,行甚敕备"[②]。王莽抚养兄子情形,可能就是家族扶助孤儿的通常形式。光武帝刘秀兄弟"少孤",叔父"(刘)良抚循甚笃"[③]。刘秀的侄子刘章,从小就是孤儿,刘秀对他"抚育恩爱甚笃"[④]。刘秀的族兄刘嘉"少孤",刘秀的父亲南顿君"养视如子"[⑤]。马援的族孙马棱,"少孤,依从兄毅共居业,恩犹同产。毅卒无子,棱心丧三年"[⑥]。敦煌人侯瑾"少孤贫,依宗人居"[⑦]。东平任城人郑均,"好义笃实,养寡嫂孤儿,恩礼敦至"。李贤引《东观汉记》作注:"(郑)均失兄,养孤兄子甚笃,已冠娶,出令别居,并门,尽推财与之,使得一尊其母,然后随护视振给之。"[⑧]东汉魏谭"有一孤兄子,年一二岁,常自养视,遭饥馑,分升合以相生活"[⑨]。东汉末陈留人毛玠"居显位,常布衣蔬食,抚育孤兄子甚笃,赏赐以振贫族,家无所余"[⑩]。东汉末卢植的儿子卢毓,十岁时成为孤儿,"遇本州岛岛乱,二兄死难。当袁绍、公孙瓒交兵,幽冀饥荒,养寡嫂孤兄子,以学行见称"[⑪]。曹操族子曹真,"少孤,(太祖)收养与诸子同,使与文帝共止"[⑫]。魏文昭甄皇后年十四时,兄甄俨早丧,甄皇后"事寡嫂谦敬,事处其劳,拊养俨子,慈爱甚笃"[⑬]。

汉代也有非宗族扶养孤儿的事例。有的孤儿寄养于外家,如西汉末代

① 《汉书》卷七六《赵尹韩张两王传》,第 3206 页。

② 《汉书》卷九九《王莽传》,第 4039 页。

③ 《后汉书》卷十四《宗室四王三侯列传》,第 558 页。

④ 《后汉书》卷十四《宗室四王三侯列传》,第 553 页。

⑤ 《后汉书》卷十四《宗室四王三侯列传》,第 567 页。

⑥ 《后汉书》卷二四《马援列传》,第 862 页。

⑦ 《后汉书》卷八十《文苑列传》,第 2649 页。

⑧ 《后汉书》卷二七《宣张二王杜郭吴承郑赵列传》,第 946 页。

⑨ (汉)刘珍撰,吴树平校注:《东观汉记校注》卷十五,中州古籍出版社 1987 年版,第 643 页。

⑩ 《三国志》卷十二《魏书·崔毛徐何邢鲍司马传》,第 375 页。

⑪ 《三国志》卷二二《魏书·桓二陈徐卫卢传》,第 650 页。

⑫ 《三国志》卷九《魏书·诸夏侯曹传》,第 280 页。

⑬ 《三国志》卷五《魏书·后妃传》裴松之引《魏略》注,第 159 页。

郡人范升，"少孤，依外家居"①。东汉初南阳人朱佑，"少孤，归外家复阳刘氏"②。东汉末汝南人陈袛，"许靖兄之外孙也。少孤，长于靖家"③。西充国人谯周，"幼孤，与母兄同居"。④

当然，被收养的孤儿，有的遭遇是比较悲惨的。如乐府诗《孤儿行》描写道："使我朝行汲，暮得水来归；手为错，足下无菲。怆怆履霜，中多蒺藜，拔断蒺藜，肠（月）[肉]中怆欲悲。泪下渫渫，清涕累累。冬无复襦，夏无单衣。"⑤有学者认为这是失去父母的孤儿在兄嫂家中的悲苦生活的反映，并进一步指出："在汉代，丧失父母的儿童多由本宗族收养，其生存状况如何？这里我们看到两种相反的情形。一方面上自朝廷举措下至民间舆论都强调宗族内部和谐，褒扬抚育孤儿行为，并出现了善待孤儿的实例；但前者更多是带有几分理想色彩的呼吁，而后者则是缺乏普遍意义的事例。另一方面记录了大量的孤儿受到虐待的个案。"⑥

总之，在兵荒马乱年代，寄族而居是孤儿得以生存的主要途径。正因如此，汉代乃至整个中国古代社会，不少孤儿尽管遭受宗亲虐待，但又不得不寄人篱下，这也是孤儿弱势的体现。

第四节　养老制度

中国先秦以来就有尊老、养老的优良传统。《礼记·王制》记载："五十养于乡，六十养于国，七十养于学，达于诸侯，八十拜君命，一坐再至。瞽亦如之九十使人受。"又云："少而无父者谓之孤，老而无子者谓之独，老而无妻者谓之矜，老而无夫者谓之寡。此四者，天民之穷而无告者也，皆有常饩。"可见，恤养老人问题很早就被当政者高度重视，并被列为国家经常性的救济任务。汉代继承和发扬了这一优良传统。

---

① 《后汉书》卷三六《郑范贾张列传》，第1226页。

② 《后汉书》卷二二《朱景王杜马刘傅坚马列传》，第769页。

③ 《三国志》卷三九《蜀书·董刘马陈董吕传》，第987页。

④ 《三国志》卷四二《蜀书·杜周杜许孟来尹李谯郤传》，第1027页。

⑤ （宋）郭茂倩：《乐府诗集》卷三八《相和歌辞》，中华书局1979年版，第567页。

⑥ 彭卫、杨振红：《中国风俗通史·秦汉卷》，上海文艺出版社2002年版，第358页。

一、政府养老

（一）赏赐高年者

汉政府对孤老的赏赐是比较频繁的，仅西汉时期，对其直接的经济救济（赏赐、赈济等）至少就有 37 次。《二年律令·傅律》规定，"大夫以上[年]九十，不更九十一，簪袅九十二，上造九十三，公士九十四，公卒、士五（伍）九十五以上者，禀鬻米月一石"①，以示尊老。文帝前元元年（前 179 年）三月的诏书提到："今闻吏禀当受鬻者，或以陈粟。"颜师古注："禀，给也。鬻，淖糜也。给米使为糜鬻也。"②"糜"就是粥。皇帝赐给这些老人米是让他们做粥喝的。考虑到老年人的食量，每月一石米，维持他们的基本生活是够的（汉代的口粮一般是每月 2.48 石）。可见这些老人是由国家供养起来的，这充分体现了汉代对老年人的重视。汉代对老年人的赏赐，最早见于文帝前元元年（前 179 年）三月的诏令："老者非帛不暖，非肉不饱。今岁首，不时使人存问长老，又无布帛酒肉之赐，将何以佐天下子孙孝养其亲？"于是，谕示对年八十以上者，"赐米人月一石，肉二十斤，酒五斗。其九十已上，又赐帛人二疋，絮三斤。赐物及当禀鬻米者，长吏阅视，丞若尉致。不满九十，啬夫、令吏致"③。文帝特别强调"养老之意"，要求相关官员务必落实"布帛酒肉之赐"。景帝即位时，继承文帝"赏赐长老，收恤孤独，以遂群生"④的做法，强调要让"老者以寿终，幼孤得遂长"。武帝时对高年者的赏赐更加频繁，如元狩元年（前 122 年）四月，武帝怜悯"老毛孤寡鳏独或匮于衣食"，派遣谒者巡行天下，"赐县三老、孝者帛，人五匹；乡三老、弟者、力田帛，人三匹；年九十以上及鳏寡孤独帛，人二匹，絮三斤；八十以上米。人三石"⑤，并要求"县乡即赐，毋赘聚"。元封元年（前 110 年）四月，武帝登封泰山，诏令免除巡行所至的博、奉高、蛇丘、历城、梁父等地"民田租逋赋

① 张家山二四七号汉墓竹简整理小组：《张家山汉墓竹简》，文物出版社 2006 年版，第 57 页。
② 《汉书》卷四《文帝纪》，第 113 页。
③ 《汉书》卷四《文帝纪》，第 113 页。
④ 《汉书》卷五《景帝纪》，第 137 页。
⑤ 《汉书》卷六《武帝纪》，第 174 页。

贷"①,并加赐年七十以上孤寡者帛每人二匹。不过这次赐帛的对象只限于其所经过的五县的老者。宣帝时期,赏赐高年者的次数也不少,主要是赐予钱、帛。据《汉书·宣帝纪》记载,在元平元年(前74年)十一月、地节三年(前67年)三月、元康元年(前65年)三月、元康四年(前62年)正月、神爵元年(前61年)三月、神爵四年(前58年)二月、五凤三年(前55年)三月、甘露二年(前52年)正月、甘露三年(前51年)正月,宣帝先后九次下诏对鳏寡孤独及高年者进行赏赐。由于宣帝本人有过平民生活的经历,所以比较体察民情,重视对弱势群体的救济。在其位期间,出现了"吏称其职,民安其业"②的大好局面。

元帝、成帝、哀帝时期,也对老者进行赏赐。元帝初元元年(前48年)四月,诏令:"存问耆老鳏寡孤独困乏失职之民,延登贤俊,招显侧陋,因览风俗之化。"③成帝鸿嘉元年(前20年)二月,赐"天下民爵一级,女子百户牛酒"④。同时,加赐鳏寡孤独及高年者帛。王莽也有类似的惠民之举。平帝时,王莽为安汉公,曾经得到所谓"上尊宗庙,增加礼乐;下惠士民鳏寡,恩泽之政无所不施"⑤的社会称誉。因此有人借用《诗经》中"柔亦不茹,刚亦不吐,不侮鳏寡,不畏强圉"⑥的诗句来赞美他的"德行"。王莽曾经在文诰中也引用这一诗句来自我标榜。

东汉时,对高年者的赏赐以粟为主(参看本书第七章的表7-1)。

(二)蠲免制度

《西汉会要》记载:"汉四年,初为算赋。"如淳引《汉仪注》:"民年十五以上至五十六出赋钱,人百二十为一算,为治库兵车马。"⑦由此可知,汉初五十六岁以上的老人不负担徭役和人头税。对于丧失劳动能力的老年人,政府给予特殊照顾。高帝十一年(前196年)二月,下诏:"欲省赋甚。……年

---

① 《汉书》卷六《武帝纪》,第191页。

② 《汉书》卷八《宣帝纪》,第275页。

③ 《汉书》卷九《元帝纪》,第279页。

④ 《汉书》卷十《成帝纪》,第315页。

⑤ 《汉书》卷九九《王莽传》,第4048页。

⑥ 《汉书》卷九九《王莽传》,第4055页。

⑦ 《西汉会要》卷五一《食货二》,第594页。

老癃病,勿遣。"①文帝时期,"礼高年,九十者一子不事,八十者二算不事"。颜师古注:"一子不事,蠲其赋役;二算不事,免二口之算赋也。"②即年龄超过八十岁的,免除二子的算赋;年龄超过九十岁的,再免除一子的赋役。武帝建元元年(前 140 年),下诏:"年八十复二算,九十复甲卒。"同年四月,诏令:"民年九十以上,已有受鬻法,为复子若孙,令得身帅妻妾遂其供养之事。"颜师古注:"有子即复子,无子即复孙也。"③蠲免的目的,就是让儿子或孙子带领自己的妻妾更好地赡养老人。武帝以后,老人的蠲免制度继续得到贯彻。如建安二十三年(218 年),曹操下令:"老耄须待养者,年九十已上,复不事,家一人。"④这一命令与文帝时"九十者一子不事"是如出一辙的。

此外,汉政府可能考虑到"耆老之人,发齿堕落,血气衰微"⑤,难以从事农耕,因而对老年人的田租和市税实行一定的减免。《王杖诏书令册》有相关记载,如以下几简:

> 年六十以上毋子男为鳏,女子年六十以上毋子男为寡,贾市毋租,比山东复。⑥(第二)
> 夫妻俱毋子男为独寡,田毋租,市毋赋,与归义同,沽酒醪列肆。尚书令。(第五)
> 得出入官府节第,行驰道中;列肆贾市,毋租,比山东复。(第十一)⑦

从简文可知,六十岁以上无子的鳏寡者,经商可以免收市税。夫妻都无子的鳏寡者与归附的少数民族一样,享有免田租、免市税的同等待遇。并且允许

---

① 《汉书》卷一《高帝纪》,第 70～71 页。

② 《西汉会要》卷四八《民政三》,第 560 页。

③ 《汉书》卷六《武帝纪》,第 156～157 页。

④ 《三国志》卷一《魏书·武帝纪》,第 51 页。

⑤ 《汉书》卷八《宣帝纪》,第 258 页。

⑥ 此简有不同释文。有人把"鳏"和"寡"字分别释为"髡"和"宾",都指刑法(刘奉光:《汉简所记敬老制度研究》,《西南政法大学学报》2003 年第 3 期)。联系其他简文,释为"鳏"、"寡"更妥帖。

⑦ 甘肃省文物工作队编:《汉简研究文集》,甘肃人民出版社 1984 年版,第 35～36 页。

其在市中经营酒醪活动,经商免收市税。此诏令颁布于成帝建始元年(前32年)。① 这一时期,汉政府已废除了榷酒政策,②实行税酒政策。政府允许以上两类人"沽酒醪列肆"并免市税,这是出于"资其生计,安其人心"的考虑。

(三)减轻老年人的刑罚

早在周朝,就有减轻老年人刑罚的规定。《周礼》记载:"凡有爵者与七十者与未龀者,皆不为奴。"③其中规定的"三赦之法"就是"壹赦曰幼弱,再赦曰老旄,三赦曰蠢愚"。对犯罪的幼童、年高智昏的老人和智力低下的智障者,要酌情赦免。班固评价"三赦"为:"此皆法令稍定,近古而便民者也。"④

汉代皇帝多次诏令,对老人犯罪要减轻或免于处罚。惠帝即位,诏令:"民年七十以上若不满十岁有罪当刑者,皆完之。"颜师古注:"谓七十以上及不满十岁以下,皆完之也。"⑤景帝后元三年(前141年)的诏书提到:"高年老长,人所尊敬也;鳏寡不属逮者,人所哀怜也。其著令:年八十以上,八岁以下,及孕者未乳,师、朱儒当鞠系者,颂系之。"⑥元康四年(前62年),宣帝下诏:"自今以来,诸年八十非诬告、杀伤人,它皆勿坐。"⑦东汉和帝永元十一年(99年)二月,诏令各郡国对"中都官徒及笃癃老小女徒各除半刑,其未竟三月者,皆免归田里"⑧。

---

① 《王杖诏书令册》中有"本始二年"、"建始元年"、"元延三年"等字眼,说明这26简的成文时间跨度很大。诏令册中有四个诏令,由于学界对26简编排迥异,所以对各诏令的颁布时间看法不一。关于此诏令的颁布时间,本书采用日本学者党寿山的看法,即成帝建始元年(前32年)。引自[日]大庭脩著:《汉简研究》,广西师范大学出版社2001年版,第43页。

② 汉代的酒政策有个变化的过程,从高帝至景帝时期,为节约粮食,曾禁止过民间私自酿酒或卖酒。汉武帝天汉三年(前98年),为解决"边用度不足"的问题,"初榷酒酤",实行酒类专卖政策。18年后,即昭帝始元六年(前81年)七月,"罢榷酤官,令民得以律占租,卖酒升四钱"。自此,汉代就没有实行国家专卖酒的政策。

③ 《周礼注疏》卷四十三,第1392页。

④ 《汉书》卷二三《刑法志》,第1106页。

⑤ 《汉书》卷二《惠帝纪》,第85、88页。

⑥ 《汉书》卷二三《刑法志》,第1106页。

⑦ 《汉书》卷二三《刑法志》,第1106页。

⑧ 《后汉书》卷四《孝和孝殇帝纪》,第185页。

《王杖十简》和《王杖诏书令册》也有相关的记载：

> 制诏御史曰：年七十受王杖，比六百石，入官府不趋；犯（非）罪耐以上，
>
> 　　毋二尺告劾；有敢征召、侵辱
> 者，比大逆不道。建始二年九月甲辰下。①
>
> 制诏御史：年七十以上，人所尊敬也，非首、
> 杀伤人，毋告劾，它毋所坐。年八十以上，生日久乎？
> 孤、独、盲、珠儒，不属律人，吏毋得擅征召，狱讼毋
> 得系。布告天下，使明知朕意。②

意思是：七十岁以上的受杖老者，其地位相当于年俸六百石的官吏，进入官府不用小步走路。犯了耐罪以上，即使有人告状，官府也不得随意征召或侮辱他，否则以大逆不道罪论处；七十岁以上的人，是受尊敬的。若不是杀人、伤人的主谋，不许告劾，也不受连坐；八十多岁的人，剩下的日子还会长久吗？孤、寡、盲、侏儒等都不受法律严格管束。官吏不得擅自征召，即使狱讼，也不得用刑。最后一点与景帝后元三年的诏令是不谋而合的。

张家山汉简《二年律令·具律》中也有相关的规定："公士、公士妻及□□行年七十以上，若年不盈十七岁，有罪当刑者，皆完之。"③即七十岁以上的老人和公士等有爵位的人触犯了刑法，只要处以完刑（即剃去犯人的鬓角）即可，这样的刑罚是比较轻的。平帝元始四年（4 年），把这一年龄提到八十岁，但对于是否拘禁却有新的规定："其明敕百寮，妇女非身犯法，及男子年八十以上七岁以下，家非坐不道，诏所名捕，它皆无得系。其当验者，即验问，定著令。"④东汉光武帝建武三年（27 年）时，改为"男子八十以上，十岁以下，及妇人从坐者，自非不道、诏所名捕，皆不得系"⑤，即八十岁

①　甘肃省文物工作队编：《汉简研究文集》，甘肃人民出版社 1984 年版，第 60～61 页。
②　甘肃省文物工作队编：《汉简研究文集》，甘肃人民出版社 1984 年版，第 35 页。
③　张家山二四七号汉墓竹简整理小组：《张家山汉墓竹简》，文物出版社 2006 年版，第 20 页。
④　《汉书》卷十二《平帝纪》，第 356 页。
⑤　《后汉书》卷一《光武帝纪》，第 35 页。

以上的老人除了"坐不道"以外,不受其他罪株连。可见,汉代刑法对高年者是颇为优待的。

当然,统治者之所以在刑法上优待老年人,是因为除了宣扬其"德政"、"仁慈"以外,也为了提倡孝道。因为汉代倡导"以孝治天下",而最终是为了巩固其统治。正如《伦语·学而》所言:"其为人也孝弟,而好犯上者,鲜矣;不好犯上,而好作乱者,未之有也。君子务本,本立而道生。孝弟也者,其为人之本与?"①在统治者看来,讲究孝道的人,一般是不会犯上作乱的。如宣帝认为:"导民以孝,则天下顺。"②所以汉政府才会在刑法上优待老年人。

(四)尊高年——赐王杖

授予老者王杖③是汉代尊老、敬老的又一体现,在史书和简牍中,多有记载:

《汉书·文帝纪》:"吴王诈病不朝,赐以几杖。"④

《汉书·武帝纪》:"二年冬,赐淮南王、菑川王几杖,毋朝。"⑤

《汉书·孔光传》:"赐太师灵寿杖……太师入省中用杖。"⑥

《后汉书·安帝纪》:"仲秋养衰老,授几杖,行糜粥。"⑦

《论衡·谢短》:"七十赐王杖。"⑧

《七家后汉书》:"(明)帝令(桓)荣东面坐,设几杖,会百官。"⑨

《二年律令·傅律》规定:"大夫以上年七十,不更七十一,簪衰七十二,

---

① 陈国庆注译:《论语·学而篇》,陕西人民出版社2006年版,第3页。

② 《汉书》卷八《宣帝纪》,第250页。

③ 何双全认为:"王"读"玉"为佳,因为古代玉、王不分。在汉简中,这种情况表现得很明显。见何双全:《简牍》,敦煌文艺出版社2004年版,第59页。

④ 《汉书》卷四《文帝纪》,第135页。

⑤ 《汉书》卷六《武帝纪》,第170页。

⑥ 《汉书》卷八一《匡张孔马传》,第3363页。

⑦ 《后汉书》卷五《孝安帝纪》,第227页。

⑧ (汉)王充撰,北京大学历史系《论衡》注释小组注释:《论衡注释》卷十二《谢短篇》,中华书局1979年版,第728页。

⑨ (清)汪文台辑,周天游校:《七家后汉书》,河北人民出版社1987年版,第331页。以下注释中《七家后汉书》均为同一版本。

上造七十三,公士七十四,公卒、士五(伍)七十五,皆受仗(杖)。"①

　　王杖最初是君授予年老的大臣或功臣,给他们靠身或做扶手用的。持杖者享有不上朝的特权,这是皇帝对年老大臣一种非常特殊的礼遇,与古代帝王提倡尊老的"三老五更"②制度紧密相连,这是汉代以孝治天下的重要标志。

　　甘肃武威出土的竹简也有相关的记载:

　　得更缮治之。河平元年,汝南西陵县昌里先,年七十,受王杖,英
　　　　部游徼吴赏,使从者
　　殴击先,用(因)诉,地太守上谳廷尉,报:罪名
　　明白,赏当弃市。
　　　　孝平皇帝元始五年幼佰生,永平十五年受杖③
　　　　汝南太守谳廷尉,吏有殴辱受王杖主者,罪名明白。
　　制曰:谳何,应论弃市。云阳白水亭长张熬,坐欧捶受王杖主,
　　　　使治道,男子王汤
　　　　告之,即弃市。高皇帝以来至本始二年,朕甚哀怜耆老。高
　　　　年赐王杖,
　　　　上有鸠,使百姓望见之,比于节;吏民有敢骂殴詈辱者,逆
　　　　不道;
　　皇帝陛下:臣广知陛下神零,复盖万民,哀怜老小,受王杖、
　　　　承诏。臣广未

---

　　① 张家山二四七号汉墓竹简整理小组:《张家山汉墓竹简》,文物出版社2006年版,第57页。

　　② "三老五更"是指德高望重且"年老更事致仕者"。《后汉书》卷九四《礼仪》注引宋均:"三老,老人知天、地、人事者。……五更,老人知五行更代之事者。""三老五更"在先秦时就已是养老制度的重要内容。《祀记·乐礼篇》记载了周天子敬老的仪式:"食三老五更于大学,天子袒而割牲,执酱而馈,执爵而酳,冕而总干。"周天子头戴礼帽,亲自为三老五更切肉,以示敬老。两汉承袭三老五更制。平帝元始四年(4年),王莽"奏起明堂、辟雍、灵台","行大射礼于明堂,养三老五更"(《汉书》卷九九《王莽传》,第4069、4082页)。东汉永平二年(59年),明帝"始帅群臣躬养三老、五更于辟雍"(《后汉书》卷九四《礼仪》,第3108页)。这些应当是承袭先秦之制。

　　③ 甘肃省文物工作队编:《汉简研究文集》,甘肃人民出版社1984年版,第60~61页。

常有罪耐司冠以上。广对乡吏趣未辨，广对质，衣疆吏前。

乡吏

下，不敬重父母所致也，郡国易然。臣广愿归王杖，没入为

官奴。

臣广昧死再拜以闻

皇帝陛下。

制曰：问何乡吏，论弃市，毋须时；广受王杖如故。①

简文的大意是：成帝河平元年（前28年），汝南郡西陵县昌里有个叫先（人名）的人，年七十，受王杖。英部游徼吴赏（人名）指使下属殴打先，郡太守把这一情况上报给廷尉，吴赏罪当弃市。汉平帝元始五年（5年），幼伯出生，永平十五年（72年）受王杖。汝南太守报奏廷尉，如有官吏殴辱王杖的主人该如何处罚？得到的批复是：应弃市。云阳县白水亭长张熬，因殴打王杖主人王汤而被上告，处以弃市罪。自高帝至宣帝本始二年（前72年），皇帝非常哀怜老者，赐给高龄者王杖，杖上有鸠鸟，使百姓老远就能望见它，知道它和符一样尊贵。有敢狂妄辱骂殴打王杖主人的，与大逆不道罪论处。最后五简的文意比较费解，大概是指：受杖主人广因与乡吏发生争执而遭乡吏凌辱，该乡吏应被处以不敬父母罪，郡国方面也持此看法。广因为对乡吏催促之事没能及时办理，愿归还王杖、没入官奴。皇帝下诏：该乡吏应处弃市罪，广受杖如故。

这些规定充分体现了汉政府给予受杖老人较高的社会地位，用法律和政策来维护老者权益。所以，有学者认为，赐王杖"远远超出了仅发一枚木杖的范围，实际上是一项扶贫济困，帮弱助残的社会公益性福利事业"②。

1989年8月，在甘肃省武威县柏树乡下王畦村旱滩坡的汉墓中又出土木简16枚，其中1号简载有敬老条约：

制　诏御史奏年七十以上比吏六百石出入官府不趋毋二尺告刻（劾）吏擅徵召（侵辱）③

---

① 甘肃省文物工作队编：《汉简研究文集》，甘肃人民出版社1984年版，第35～37页。

② 何双全：《简牍》，敦煌文艺出版社2004年版，第64页。

③ 武威地区博物馆：《甘肃武威旱滩坡东汉墓》，《文物》1993年第10期。

此条内容与1959年出土的竹简内容颇为相似。① 同墓出土的其他简有"建武九年"字样,说明这些木简成文的时间上限为东汉光武帝建武九年(33年)。根据专家的分析,这些汉简的入土年代约为东汉中晚期(上述简文就有"永平十五年"字样),说明东汉用严刑酷法来维护养老制度。

王杖有统一的尺寸规格。据《后汉书·礼仪志》记载:"王杖长九尺,端以鸠鸟为饰。鸠者,不噎之鸟也。欲老人不噎。"②即王杖一般是长九尺,约合现在的2.07米(汉代1尺约为现在的23厘米)。在甘肃武威磨咀子汉墓曾出土了三根鸠杖,其中"墓18出有两根,是长1.94米的木杆,圆径4厘米。一根已残,残长40厘米。竿端以母卯镶一木鸠。平置棺盖上,有鸠一端向棺首伸出"③。墓中最长的王杖只1.94米,与2.07米差13厘米。这种情况可能是因为这里的王杖是用木质材料制成的,在日常使用时又有所磨损。所以,其大体上与史料所记载的王杖的规格一致。

除了木杖,还有铜杖。④ 木杖和铜杖可能是针对不同级别的高年者而分别制作的。至于哪一等级的老者授予铜杖,不得而知,还有待更多的出土资料来考证。

关于授杖的对象,近年来,史学界对此看法是比较一致的。即授杖者不仅有官员地主,还有一般的平民百姓。持这一看法的学者都引用了《后汉书·礼仪志》中的记载:"仲秋之月,县道皆案户比民。年始七十者,授之以王杖,铺之糜粥。八十九十,礼有加赐。"⑤张鹤泉就此认为"只要是国家的编户齐民,年满七十岁,都可以享受养老的待遇。诚然,这条材料讲的是东汉制度,但东汉制度多沿袭西汉,也可以用来作为说明西汉养老对象的佐证。所谓西汉养高年老,只实行于少数统治阶级中的说法,显然是同历史实际不相符合的"⑥。这一分析是有道理的。郑玄在《周礼》注中说道:

---

① 1959年出土的汉简内容为:"《制》诏御史曰:'年七十受王杖,比六百石,入官廷不趋;犯(非)罪耐以上,毋二尺告劾。有敢征召、侵辱者,比大逆不道。建始二年九月甲辰下。'"(甘肃省文物工作队编:《汉简研究文集》,甘肃人民出版社1984年版,第60~61页。)

② 《后汉书》卷九五《礼仪》,第3124页。

③ 陈贤儒:《甘肃武威磨咀子汉墓发掘》,《考古》1960年第9期。

④ 孙机:《汉代物质文化资料图说》,文物出版社1991年版,第348页。

⑤ 《后汉书》卷九五《礼仪》,第3124页。

⑥ 张鹤泉:《西汉养老制度简论》,《学习与探索》1992年第6期。

"谓年七十当以王命受杖者,今时亦命之为王杖。"①这里也没有言明赐杖只针对官员地主。另外,"王杖十简"的出土共发掘了31座汉墓,这些墓皆为土双单、双室葬。出土陶器、漆器、铜器、铁器、草编器等,这里显然有平民的墓葬。

不过,在执行养老制度的过程中,存在现实与制度的差别,并不是所有达到受杖年龄的老者都持有王杖。根据尹湾汉简的记载:"年八十以上三万三千八百七十一,六岁以下廿六万二千五百八十八,凡廿九万六千四百五十九。年九十以上万一千六百七十人,年七十以上受杖二千八百廿三人,凡万四千四百九十三,多前七百一十八。"②当时年龄在80岁以上者有30000多人,而实受杖者仅2800余人,造成这种情况的原因不得而知。另外,平民与官宦在养老待遇上也有很大的区别,如汉政府规定:"天下吏比二千石以上年老致仕者,参分故禄,以一与之,终其身。"③担任要职的官员致仕后,除了享受国家的俸禄外,还能得到很多额外的赏赐。如:汉宣帝时,韦贤"七十余,为相五岁,地节三年(前67年),以老病乞骸骨,赐黄金百斤,罢归,加赐弟一区"④;元帝时御史大夫薛广德与丞相于定国、大司马车骑将军史高"俱乞骸骨,皆赐安车驷马、黄金六十斤,罢"⑤;章帝时尚书郑均,拜议郎后致仕,"帝赐以冠帻钱布"⑥,元和元年(84年)又赐郑均谷千斛和羊酒。汉政府的养老措施,除了保证普通老者的利益外,更多的是给予官吏特殊的养老待遇。

二、民间养老

(一)政府的尊老教育和相关法规

汉政府除了制定和执行养老敬老政策外,还对百姓进行尊老教育。因为政府的养老能力和作用毕竟是有限的,养老问题主要还是要靠每个家庭

① 《周礼注疏》卷四十三,第1434页。
② 谢桂华:《尹湾汉墓所见东海郡行政文书考述》,载连云港市博物馆编:《尹湾汉墓简牍综论》,科学出版社1992年版,第28~29页。
③ 《汉书》卷十二《平帝纪》,第349页。
④ 《汉书》卷七三《韦贤传》,第3107页。
⑤ 《汉书》卷七一《隽疏于薛平彭传》,第3048页。
⑥ 《后汉书》卷二七《宣张二王杜郭吴承郑赵列传》注引《东观记》,第946页。

自己来解决。所以,汉代统治者很重视对百姓进行尊老教育,以解决社会的养老问题。《册府元龟》记载:"周文王为西伯,制其田里,教之树畜,导其妻子,使养其老。五十非帛不暖,七十非肉不饱,不暖不饱,谓之冻馁。文王之民,无冻馁之老者,此之谓也。"①周文王"导其妻子,使养其老"的思想,开启了尊老教育的先河,并为后世所继承。

汉代倡导以孝治天下,尊老养老教育是以"孝"教育为核心内容的。文帝前元元年(前179年)认为:"老者非帛不暖,非肉不饱。今岁首,不时使人存问长老,又无布帛酒肉之赐,将何以佐天下子孙孝养其亲?"②于是诏令赐老者布帛酒肉。文帝企图通过此举来教化百姓,使"天下子孙孝养其亲"。文帝还遣谒者"以户口率置三老孝悌力田常员,令各率其意以道民焉"③。什么是孝?《尔雅》云:"善父母为孝。"④《说文解字》云:"孝,善事父母者,从老省,从子,子承老也。"⑤也就是说"孝"是通过尽心奉养双亲,承担奉养老人的义务表现出来。汉代几乎全面继承了先秦的孝观念,并加以发展。汉代皇帝宣称以"孝"治国。董仲舒还把"孝"绝对化甚至神化,认为"孝"是"天之经也"⑥。汉代把"孝"上升至政治理论与实践的高度,使之成为施政的依据,作为一项基本国策。汉代还把《孝经》列为儒家经典,"使天下诵《孝经》"⑦。《孝经》指出:"夫孝始于事亲,中于事君,终于立身。"⑧"事亲"即侍养自家老人,是"事君"和"立身"的基础。《孝经》是汉代启蒙教育的教材之一,"《论语》、《孝经》之传实广于五经,不以博士之废为盛衰也"⑨。东汉时,《孝经》的教育已在乡村普及。《四民月令》记载:"十一月,

---

① (北宋)王钦若:《册府元龟》卷五五《帝王部·养老》,台湾中华书局1996年版,第610页。

② 《汉书》卷四《文帝纪》,第113页。

③ 《汉书》卷四《文帝纪》,第124页。

④ 邹德文、李永芳注解:《尔雅》,中州古籍出版社2013年版,第186页。

⑤ 《说文解字注》,第398页。

⑥ (汉)董仲舒撰,(清)凌曙注:《春秋繁露》卷十《五行对》,中华书局1975年版,第38页。以下如果没有特别说明,注释中的《春秋繁露》均为同一版本。

⑦ 《后汉书》卷六二《荀韩钟陈列传》,第2051页。

⑧ (唐)李隆基注,(宋)邢昺疏,邓洪波整理:《孝经注疏》卷一《开宗明义章》,北京大学出版社2000年版,第5页。

⑨ 王国维:《观堂集林》卷四《艺林四·汉魏博士考》,河北教育出版社2001年版,第109页。

砚水冻,命幼童读《孝经》、《论语》。"①汉政府对"孝"的教育的重视程度可见一斑,其目的是通过"孝"来维系宗法血缘的纽带,向社会全体成员灌输包括尊老养老在内的伦理纲常和道德观念,并将其渗透到社会生活的方方面面,从而达到"以孝治天下"的政治目的。

汉代还把尊老教育与奖惩手段结合起来。一方面,奖励、褒扬尊老的模范。如东汉并州刺史郭伋"所过问民疾苦,聘求州中耆德雄俊,设几杖之礼,朝夕与参政事,分禄以养之"。朝廷知道后,对其嘉奖,"以并州牧征为太中大夫,赐宅一区"②。另一方面,运用礼法对不养老、侮老、弃老者予以严惩。汉代规定子女要尽赡养老人的义务,并制定相应的法规来约束。《二年律令·户律》规定:"孙为户,与大父母居,养之不善,令孙且外居,令大父母居其室,食其田,使其奴婢,勿贸卖。孙死,其母而代为户。令毋敢遂(逐)夫父母及入赘,及道外取其子财。"③意思是:孙子为户籍的主人,和祖父母一起居住。如果孙子不能好好赡养老人,那么政府就要出面干涉,把孙子赶出家门,让其祖父母占有他所有的田宅、财产及奴婢。这一规定是对不孝者的严厉惩罚,是对老年人权益的有力维护。《孝经·五刑章》指出,对不孝者应予严惩:"五刑之属三千,而罪莫大于不孝。要君者无上,非圣人者无法,非孝者无亲,此大乱之道也。"④在汉代,甚至"殴父"的行为也可能被杀头,如"董仲舒决狱曰:甲父乙与丙争言相斗,丙以佩刀刺乙,甲即以杖击丙,误伤乙,甲当何论?或曰:殴父也,当枭首"⑤。由于是误伤,甲最终未被问罪。但由此可知,如果儿子故意殴打父亲,则肯定会被处以极刑的。

(二)民间养老的体现

受儒家思想的影响以及在统治者的提倡和法律约束下,不少人确能孝养父母。西汉翟方进贵为丞相,"身既富贵,而后母尚在,方进内行修饰,供

---

① 缪桂龙选译:《四民月令选读》,农业出版社1984年版,第33页。

② 《七家后汉书》,第232页。

③ 张家山二四七号汉墓竹简整理小组:《张家山汉墓竹简》,文物出版社2006年版,第55页。

④ (唐)李隆基注,(宋)邢昺疏,邓洪波整理:《孝经注疏》卷六《五刑章》,北京大学出版社2000年版,第47~48页。

⑤ 《太平御览》卷六四〇《刑法部六·决狱》,第2868页。

养甚笃"①;东汉上党人鲍永因妻子曾于母前骂狗,羞辱母亲,而宁肯休掉妻子,也不愿让母亲受委屈。②

　　家庭是社会基本经济、生活单位,父母有抚养、教育子女的责任和义务,也有得到子女赡养的权利。由于所处的社会地位不同,赡养父母的方式也不同:"以己之所有尽事其亲,孝之至也","孝莫大以天下一国养,次禄养,下以力"。③ 对于父母,皇帝有能力以天下之力孝养;诸侯王有资格以封地赡养;皇亲国戚和官僚将相以俸禄赡养。至于黎民百姓,"用天之道,分地之利,谨身节用,以养父母,此庶人之孝也"④。即按照农时季节劳作,因地制宜耕耘播种,用自己的辛勤劳动,创造赡养父母的基本生活条件,这是普通人应尽的赡养义务。东汉李咸家中贫困,"母老,常躬耕稼以奉养"⑤;侍中施延,少时家贫母老,"周流佣赁。常避地于庐江临湖县种瓜,后到吴郡海盐,取卒月直,赁作半路亭父以养其母"⑥;济阴人孙期家贫,"牧豕于大泽中,以奉养焉"⑦;刘茂家贫,"独与母居,以筋力致养"⑧;孔嵩"家贫亲老,乃变姓名,佣为新野县阿里街卒"⑨。

　　西汉韩婴认为,"家贫亲老者,不择官而仕"⑩;东汉赵岐认为,"家贫亲老,不为禄仕,二不孝也"⑪,"修己以致禄,养之大也"⑫。由于家贫,汉代有为赡养父母而出仕做官的例子,如汝南周盘"居贫养母,俭薄不充。尝诵《诗》至《汝坟》之卒章,慨然而叹,乃解韦带,就孝廉之举⑬。

　　子女除了对父母尽赡养义务外,还应关心父母的身心健康。如朱穆

　　① 《汉书》卷八四《翟方进传》,第3416～3417页。

　　② 《后汉书》卷二九《申屠刚鲍永郅恽列传》,第1017页。

　　③ 《盐铁论校注》卷五《孝养》,第310页。

　　④ (唐)李隆基注,(宋)邢昺疏,邓洪波整理:《孝经注疏》卷三《庶人章》,北京大学出版社2000年版,第19页。

　　⑤ 《七家后汉书》,第32页。

　　⑥ 《后汉书》卷四六《郭陈列传》注引谢承《后汉书》,第1558页。

　　⑦ 《后汉书》卷七九《儒林列传》,第2554页。

　　⑧ 《后汉书》卷八一《独行列传》,第2671页。

　　⑨ 《后汉书》卷八一《独行列传》,第2678页。

　　⑩ (汉)韩婴撰,许维遹校释:《韩诗外传集释》卷一,中华书局1980年版,第1页。

　　⑪ (清)阮元校刻:《十三经注疏》,中华书局1980年版,第2723页。

　　⑫ 《后汉书》卷三九《刘赵淳于江刘周赵列传》,第1293页。

　　⑬ 《后汉书》卷三九《刘赵淳于江刘周赵列传》,第1311页。

"年五岁,便有孝称。父母有病,辄不饮食,差乃复常"①;陈留人蔡邕"母常滞病三年,邕自非寒暑节变,未尝解襟带,不寝寐者七旬"②;樊修,"事母至孝,母常病痈,修昼夜匍伏不离左右,至为吮痈"③。

朝廷有时对父母有疾的臣子亦加以赏赐,以助奉养。如扶风人贾逵之母常有疾病,章帝认为贾逵"无人事于外","屡空则从孤竹之子于首阳山矣",于是"欲加赐",④以助贾逵赡养其母。不过,在汉代朝廷协助民间养老的例子不多,此属特例。

三、汉代养老政策的局限性

汉代的养老政策在执行过程中,存在以下不足:

首先,统治者抱着施舍的态度对贫困老人进行赐食。这一点可以从汉代画像砖的《养老图》(见图 4-1)中反映出来。图中左侧的官吏带冠衣袍,席地而坐,指手画脚,处于尊位。而持鸠杖者瘦弱短衣,跪在地上,完全是一副乞食、无奈地接受统治者的施舍和恩赐的模样。

图 4-1　四川彭州出土的汉代画像砖《养老图》拓片
摘自高文:《四川汉代画像砖》,上海人民出版社 1987 年版,第 29 页)

---

① 《后汉书》卷四三《朱乐何列传》,第 1461 页。
② 《后汉书》卷六十《蔡邕列传》,第 1980 页。
③ 《太平御览》卷四一二《人事部·孝》,第 1901 页。
④ 《后汉书》卷三六《郑范陈贾张列传》,第 1239 页。

其次,不少地方官吏徇私枉法,置《汉律》和《受鬻法》于不顾,侵犯老者的权益(如上述武威竹简中记载的诉讼案);或者任意克扣朝廷赐给老者的食粮,如东汉安帝元初四年(117 年)秋,京师及数郡发生雨涝灾害,而恰遇仲秋养老行鬻粥之时,但是,郡县"多不奉行"。有的郡县即使实行,也是"糠秕相半,长吏怠事"。所以,安帝发出了"莫有躬亲,甚违诏书养老之意"的感慨。[1]

再次,老人有时也会受到连坐的惩罚。《二年律令·贼律》中规定:"以城邑亭障反,降诸侯,及守乘城亭障,诸侯人来攻盗,不坚守而弃去之若降之,及谋反者,皆要(腰)斩。其父母、妻子、同产,无少长皆弃市。其坐谋反者,能偏(遍)捕,若先告吏,皆除坐者罪。"[2]可以看出,犯了谋反、投降诸侯、不积极防守来犯之敌等罪行,给国家带来严重损失的,不仅本人要处以腰斩,而且父母、妻子和家庭的其他成员不论老少都要连坐。

尽管汉代的养老政策有以上局限性,但是,汉政府以"存问高年"、授杖、赐钱帛、减免力役、减轻刑罚等方式来推行养老政策,既减轻了老年人及其家庭的负担,又提高了老年人的社会地位,其积极作用是值得肯定的。

第五节　一般贫困救济——以限田、假田和赐田为例

一、限田

土地是农民赖以生存的最重要的物质基础。汉代,统治者为发展生产,维护和巩固统治秩序,在不同时期,采取了相应的措施保障农民获得一定数量的土地,以维持农民的基本生活。

(一)汉初的授田制

汉初,政府掌握大量的土地,为实行授田制提供了基本条件。高帝五年(前 202 年)诏令:

---

① 《后汉书》卷五《孝安帝纪》,第 227 页。
② 张家山二四七号汉墓竹简整理小组:《张家山汉墓竹简》,文物出版社 2006 年版,第 7 页。

民前或相聚保山泽,不书名数,今天下已定,令各归其县,复故爵田宅,吏以文法教训辨告,勿笞辱。……军吏卒会赦,其亡罪而亡爵及不满大夫者,皆赐爵为大夫。故大夫以上赐爵各一级,其七大夫以上,皆令食邑,非七大夫以下,皆复其身及户,勿事。

又曰:

七大夫、公乘以上,皆高爵也。诸侯子及从军归者,甚多高爵,吾数诏吏先与田宅,及所当求于吏者,亟与。爵或人君,上所尊礼,久立吏前,曾不为决,其亡谓也。异日秦民爵公大夫以上,令丞与亢礼。今吾于爵非轻也,吏独安取此!且法以有功劳行田宅,今小吏未尝从军者多满,而有功者顾不得,背公立私,守尉长吏教训甚不善。其令诸吏善遇高爵,称吾意。且廉问,有不如吾诏者,以重论之。[①]

以上诏令的内容之一就是按爵位的高低和军功的大小授予复员士兵田宅,对因战乱而逃亡的农民则"令各归其县,复故爵田宅"。这使广大的农民和复员的士兵获得了一定数量的土地而成为自耕农,对汉初恢复生产,安定社会秩序,维持农民的基本生活起到了重要的作用。

吕后时期,授田制被具体化。汉政府根据户等或爵位的高低授予相关人员不同数额的田产,数额自九十五顷至五十亩不等。张家山汉简《二年律令·户律》规定:

关内侯九十五顷,大庶长九十顷,驷车庶长八十八顷,大上造八十六顷,少上造八十四顷,右更八十二顷,中更八十顷,左更七十八顷,右庶长七十六顷,左庶长七十四顷,五大夫廿五顷,公乘廿顷,公大夫九顷,官大夫七顷,大夫五顷,不更四顷,簪褭三顷,上造二顷,公士一顷半顷,公卒、士五(伍)、庶人各一顷,司寇、隐官各五十亩。不幸死者,令其后先择田,乃行其余。它子男欲为户,以为其□田予之。其已前为户而毋田宅,田宅不赢,得以赢。宅不比,不得。

---

① 《汉书》卷一《高帝纪》,第54～55页。

又规定：

> 宅之大方三十步。彻侯受百五宅，关内侯九十五宅，大庶长九十宅，驷车庶长八十八宅，大上造八十六宅，少上造八十四宅，右更八十二宅，中更八十宅，左更七十八宅，右庶长七十六宅，左庶长七十四宅，五大夫二十五宅，公乘廿宅，公大夫九宅，官大夫七宅，大夫五宅，不更四宅，簪褭三宅，上造二宅，公士一宅半宅，公卒、士五（伍）、庶人一宅，司寇、隐官半宅。欲为户者，许之。[①]

高帝和吕后时的律令都提到占田不足的现象。如前者的"且法以有功劳行田宅，今小吏未尝从军者多满，而有功者顾不得"，即未曾按军功授予田宅；后者的"其已前为户而毋田宅，田宅不赢，得以赢"，即虽立户但没有授到田。两条律令都强调按军功或户等来规范占田，即"法以有功劳行田宅"。从这点来说，《二年律令》的授田宅律文与汉高帝五年（前202年）诏令的精神是相符的。从律文可知，授田的对象可分为三个等级：第一个等级是有爵者，这一等级又从关内侯到公士分为二十个等级；第二个等级是无爵的公卒、士五（伍）、庶人；第三个等级是犯有轻罪的司寇、隐官。从有爵者到罪犯，授田宅的数量差距很大。处于底层的公卒、士五（伍）和庶人，每人田一顷，宅地方三十步；司寇与隐官等罪犯，每人田五十亩，宅地方十五步。汉代以百亩为一顷，亦即每户小农多为百亩之家，这正好印证了晁错"今农夫五口之家，其服役者不下二人，其能耕者不过百亩"[②]的说法，即耕田百亩的皆为小农之家。虽然各级授田的差距很大，但是，"通过给有爵、无爵的公卒、士伍及庶人、司寇、隐官等的授田宅和立户，使他们无疑成了拥有授田宅的自耕小农。与此同时，也使大批拥有高爵的人成了拥有大量田宅的军功地主"[③]。

授田具体操作的过程是：按立户先后时间顺序授予田宅。如果时间相

---

① 张家山二四七号汉墓竹简整理小组：《张家山汉墓竹简》，文物出版社2006年版，第52页。

② 《汉书》卷二四《食货志》，第1132页。

③ 高敏：《从张家山汉简〈二年律令〉看西汉前期的土地制度——读〈张家山汉墓竹简〉札记之三》，《中国经济史研究》2003年第3期。

同,爵位高者优先。《二年律令·户律》载:

> 未受田宅者,乡部以其为户先后次编之,久为右。久等,以爵先后。有籍县官田宅,上其廷,令辄以次行之。①

律令还对所授的田地的质量作了规定,如《二年律令·田律》载:

> 田不可田者,勿行;当受田者欲受,许之。

《二年律令·田律》载:

> 田不可垦而欲归,毋受偿者,许之。②

就是说,过于贫瘠的土地不能用作授田,有愿意接受者,可以授予。授予之后的土地不能垦的,可以退还,但是不能另外补偿。这些规定,避免了平民百姓得到的是不能耕种的劣质田地,体现了政府对低爵、庶民等下层民众的照顾。

对非法占有田宅者,则给予惩罚,如《户律》规定:

> 诸不为户,有田宅者,附令人名,及为人名田宅者,皆令以卒戍边二岁,没入田宅县官。为人名田宅,能先告,除其罪,又畀之所名田宅,它如律令。

这段话的意思是:没有立户但占有田宅者、附着他人之名占有田宅者以及以自己户籍替他人占有田宅者都要戍边两年作为处罚,并且没收所占有的田宅。而用自己户籍替别人占田宅,能主动自首者,免除其罪过,并且把别人冒名占有的田宅赐予他,作为奖励。这条律令的主要目的是加强对

---

① 张家山二四七号汉墓竹简整理小组:《张家山汉墓竹简》,文物出版社2006年版,第52页。

② 张家山二四七号汉墓竹简整理小组:《张家山汉墓竹简》,文物出版社2006年版,第41~42页。

编户齐民的管理,防止其逃避赋役,但对以各种名义占田的行为的惩处,起到了禁止任意占田的作用,一定程度上维护了弱者的利益。

总之,汉初的授田制,使广大农民获得了部分土地,拥有了一定数量的生产资料,这对汉初经济的恢复和发展是有重要作用的。

(二)武帝时抑制土地兼并的政策

汉初的授田制使农民获得了一定数量的土地,同时,土地兼并也初露端倪。如高帝时,萧何在留守关中之际就"贱强买民田宅数千万"①。随着社会经济的发展,到汉武帝时期,土地兼并已很严重,官僚、商人、地主是非法占有土地的主要势力。如淮南王刘安的王后荼、太子迁及女陵"得爱幸王,擅国权,侵夺民田宅"②;衡山王刘赐"数侵夺人田,坏人冢以为田"③;燕相灌夫势力庞大,"陂池田园,宗族宾客为权利"④;武安侯田蚡"治宅甲诸第,田园极膏腴"⑤;丞相公孙贺"倚旧故乘高势而为邪,兴美田以利子弟宾客"⑥;霍去病"会为骠骑将军击匈奴,道出河东……至平阳传舍,遣吏迎霍中孺。……去病大为中孺买田宅奴婢而去"⑦。晁错在所上之书中提到商人兼并农民土地的情况:"商贾大者积贮倍息,小者坐列贩卖,操其奇赢……此商人所以兼并农人,农人所以流亡者也。"⑧董仲舒揭露不少官僚贵族"身宠而载高位,家温而食厚禄,因乘富贵之资力,以与民争利于下,民安能如之哉!是故众其奴婢,多其牛羊,广其田宅,博其产业,畜其积委"⑨。而失去土地的贫民"或耕豪民之田,见税什五"⑩。大量土地和劳动力被豪门侵占,不仅会减少国家控制劳动力和赋税收入,而且会出现大规模的流民,从而产生可怕的社会危机。针对这种情况,董仲舒非常赞同孔子的均平思想。他认为:"孔子曰:'不患贫而患不均。'故有所积重,则有所空虚矣。大

---

① 《史记》卷五三《萧相国世家》,第 2018 页。
② 《史记》卷一一八《淮南衡山列传》,第 3083 页。
③ 《史记》卷一一八《淮南衡山列传》,第 3095 页。
④ 《史记》卷一○七《魏其武安侯列传》,第 2847 页。
⑤ 《史记》卷一○七《魏其武安侯列传》,第 2844 页。
⑥ 《汉书》卷六六《公孙刘田王杨蔡陈郑传》,第 2879 页。
⑦ 《汉书》卷六八《霍光金日磾传》,第 2931 页。
⑧ 《汉书》卷二四《食货志》,第 1132 页
⑨ 《汉书》卷五六《董仲舒传》,第 2520 页。
⑩ 《汉书》卷二四《食货志》,第 1137 页。

富则骄,大贫则忧。……圣者则于众人之情,见乱之所从生,故其制人道而差上下也。使富者足以示贵而不至于骄,贫者足以养生而不至于忧。以此为度,而调均之。是以财不匮而上下相安,故易治也。"①他还认为,造成这种情况的原因之一就是秦时,"用商鞅之法,改帝王之制,除井田,民得卖买,富者田连仟伯,贫者亡立锥之地"②。为此,建议汉武帝"限民名田,以澹不足,塞并兼之路。盐铁皆归于民。去奴婢,除专杀之威。薄赋敛,省徭役,以宽民力。然后可善治也"。颜师古注:"名田,占田也。各为立限,不使富者过制,则贫弱之家可足也。"③可见,土地占有的悬殊是限田的前提,限田带有抑制土地兼并的积极意义,限田的主要对象是官僚、地主、富商阶层。武帝没有采纳董仲舒的建议,但采取以下两个方面的措施,实际上又体现了董仲舒的限田主张,具有限田的意义。一方面,设置监察官员——刺史。元封五年(前 106 年),"初置部刺史,掌奉诏条察州"。颜师古引《汉官典职仪》注:刺史"以六条问事",第一条是督察"强宗豪右田宅逾制,以强凌弱,以众暴寡"④的行为。监察"强宗豪右"是否占田逾制,含有限制豪强地主任意占田的用意。另一方面,对于主要土地兼并者之一的富商大贾采取了剥夺政策,即实行算缗和告缗政策。"诸贾人末作贳贷卖买,居邑贮积诸物,及商以取利者,虽无市籍,各以其物自占,率缗钱二千而算一。诸作有租及铸,率缗钱四千算一。非吏比者、三老、北边骑士,轺车一算;商贾人轺车二算;船五丈以上一算。匿不自占,占不悉,戍边一岁,没入缗钱。有能告者,以其半与之。贾人有市籍,及家属,皆无得名田,以便农。敢犯令,没入田货。"⑤即对商人和高利贷者征收财产税,每二千钱纳一算。手工业者,每四千钱纳一算。非"吏化"、"三老"、"北边骑士"而有轺车者,每辆轺车纳一算;商人的车则纳二算;五丈以上的船,每艘纳一算。不如实上报者,如被人揭发,则要戍边一年,并没收所有财产,告发者可获得被告者一半的财产;商人不得占有田地,违者没收。汉武帝是出于解决国家财政困

---

① 《春秋繁露》卷八《度制》,第 281 页。

② 《汉书》卷二四《食货志》,第 1137 页。

③ 《汉书》卷二四《食货志》,第 1137 页。

④ 《汉书》卷十九《百官公卿表》,第 742 页。

⑤ 《汉书》卷二四《食货志》,第 1166～1167 页。

难,并"排富商大贾,出告缗令"①。算缗、告缗令的实行,不但增加了国家财政收入,也起到限田的作用。因为在汉代,商人、高利贷者是兼并土地的势力之一,农民往往备受商人的盘剥,不少不堪重负的农民便成为流民。晁错指出:"今农夫五口之家,其服役者不下二人,其能耕者不过百亩,百亩之收不过百石。……当具有者半贾而卖,亡者取倍称之息,于是有卖田宅鬻子孙以偿责者矣。而商贾大者积贮倍息,小者坐列贩卖,操其奇赢,日游都市,乘上之急,所卖必倍。……此商人所以兼并农人,农人所以流亡者也。"②农民终年辛劳耕作,丰收时,粮食贱卖给商人,困难时借高利贷,于是出现"卖田宅鬻子孙以偿责"的惨状。而实行算缗、告缗令的成果之一就是打击了不少中家以上的商人地主。如《史记·平准书》记载:"杨可告缗遍天下,中家以上大抵皆遇告。……得民财物以亿计,奴婢以千万数,田大县数百顷,小县百余顷,宅亦如之。于是商贾中家以上大率破。"③中家以上的大都是富商大贾,他们拥有奴婢田宅等财物,与一般地主没有区别。可见,算缗、告缗令打击的不是一般商人,而是商人地主,这是武帝限田的另一个有力措施。④

不过,汉武帝时,官营盐铁和均输平准政策,很大程度上又是依赖商人来主持实施的。如时任治粟都尉、大司农的桑弘羊就是商人,这导致了官商合一,强占和买卖土地之风仍很盛行,土地兼并之势没有得到根本遏制。

(三)哀帝时的限田议

西汉后期,由于汉政府放宽工商政策,对地方豪强不加限制,官僚、贵族、豪强地主和富商大贾开始合流,土地兼并更加严重。元帝、成帝时期,"郡国富民兼业颛利,以货赂自行,取重于乡里者,不可胜数。故秦杨以田农而甲一州。"孟康曰:"以田地过限,从此而富,为州中第一也。"⑤成帝赏赐丞相张禹"前后数千万"。张禹"家以田为业。及富贵,多买田至四百顷,

① 《汉书》卷五九《张汤传》,第 2641 页。
② 《汉书》卷二四《食货志》,第 1132 页。
③ 《史记》卷三十《平准书》,第 1435 页。
④ 赵克尧:《论西汉的限田与徙陵政策的关系》,《学术月刊》1986 年第 5 期。
⑤ 《汉书》卷九一《货殖列传》,第 3694 页。

皆泾、渭溉灌,极膏腴上贾"①;丞相匡衡在临淮郡"专地盗土"达四百顷②;成帝舅父红阳侯王立"使客因南郡太守李尚占垦草田数百顷"③。成帝时,陈汤上言:"天下民不徙诸陵三十余岁矣,关东富人益众,多规良田,役使贫民。"④成帝、哀帝间外戚王氏、丁氏、傅氏,大官僚翟方进、韦贤等都肥田满野。哀帝一次赐宠臣董贤土地就达二千余顷。⑤ 另外,"诸侯王、列侯、公主、吏二千石及豪富民多畜奴婢田宅亡限,与民争利",致使"百姓失职,重困不足"。⑥ 由于土地兼并严重,不少农民纷纷破产。鲍宣就曾指出:农民"有七亡而无一得","有七死而无一生"。⑦ 其中"豪强大姓,蚕食无厌"是造成这种惨状的原因之一。这些破产的农民沦为流民,又会产生严重的社会危机。为此,时任左将军的师丹,针对当时"豪富吏民訾数巨万,而贫弱愈困"⑧的现象建议哀帝限田。绥和二年(前7年),哀帝下其议,丞相孔光、大司空何武提出了限田方案:"诸王、列侯得名田国中,列侯在长安及公主名田县道,关内侯、吏民名田,皆无得过三十顷。诸侯王奴婢二百人,列侯、公主百人,关内侯、吏民三十人。年六十以上,十岁以下,不在数中。贾人皆不得名田、为吏,犯者以律论。诸名田畜奴婢过品,皆没入县官。"⑨

　　这一方案提出后,社会上曾一度"田宅奴婢贾为减贱"⑩,可见这一方案具有很大的震慑力。但是这一方案拟成诏书后并未颁布实行,"诏书且须,遂寝不行",主要原因是"丁、傅用事,董贤隆贵,皆不便也"⑪,即外戚丁氏、傅氏和宠臣董贤从中阻挠。不仅丁氏和傅氏等从中作梗,当时的贵族和豪强都极力反对限田,因为他们所占有的土地和奴婢早已超出最高的限额,他们不可能拱手让出超额的土地和奴婢,而且哀帝自己带头破坏了限

---

① 《汉书》卷八一《匡张孔马传》,第3349页。

② 《汉书》卷八一《匡张孔马传》,第3346页。

③ 《汉书》卷七七《盖诸葛刘郑孙毋将何传》,第3258页。

④ 《汉书》卷七十《傅常郑甘陈段传》,第3024页。

⑤ 《汉书》卷八六《何武王嘉师丹传》,第3496页。

⑥ 《汉书》卷十一《哀帝纪》,第336页。

⑦ 《汉书》卷七二《王贡两龚鲍传》,第3088页。

⑧ 《汉书》卷二四《食货志》,第1142页。

⑨ 《汉书》卷十一《哀帝纪》,第336页。

⑩ 《汉书》卷二四《食货志》,第1143页。

⑪ 《汉书》卷二四《食货志》,第1143页。

田方案。在限田方案出台不久后,哀帝一次赐给董贤土地就达二千余顷。时任丞相的王嘉就此指出:"诏书罢苑,而以赐贤二千余顷,均田之制从此坠坏。"①另外,阻力增大也是限田失败的原因之一。在哀帝限田方案中,首次把诸侯王、公主列为限田对象,限田的范围比武帝时更大。从武帝后期开始,宗室兼并土地成风。《汉书·食货志》载武帝后期弊政云:"罔疏而民富,役财骄溢,或至并兼豪党之徒以武断于乡曲。宗室有土,公卿大夫以下争于奢侈,室庐车服僭上亡限。物盛而衰,固其变也。"②总之,限田严重触及了官僚地主的利益,没有强有力的中央政权作后盾,是很难推行的。

哀帝限田失败,"强者规田以千数,弱者曾无立锥之居"③的局面更加恶化。王莽执政后,为挽救社会危机,"更名天下田曰'王田'"。诏令:王田和奴婢"皆不得买卖。其男口不盈八,而田过一井者,分余田予九族邻里乡党。故无田,今当受田者,如制度。敢有非井田圣制,无法惑众者,投诸四裔,以御魑魅,如皇始祖考虞帝故事"④。王莽颁布这一诏令的出发点是好的,即通过恢复奴隶制的土地国有制来冻结土地买卖,从而制止土地的进一步兼并。但诏令中只规定了不足八口且田过一井的家户要把超额的土地分给九族乡党,而对八口以上且土地超出限额的民户则没有相关的规定。在汉代,八口以下的多为农民家庭(如晁错所说的"农夫五口之家"),八口以上的多为贵族官僚地主家庭。如西汉末,南阳的樊重,就是"三世共财,子孙朝夕礼敬,常若公家"⑤。可见,这一诏令无疑更有利统治阶层。何况,王田令是建立在土地国有制基础上的,在以封建土地私有制为经济基础的汉代是行不通的。所以这一诏令颁布后,就遭到"自诸卿大夫至于庶民"的极力反对。于是在始建国四年(12年),王莽只好取消王田令,允许土地自由买卖,土地兼并更加严重。

(四)东汉时仲长统的限田议

东汉政权是依靠南阳地主集团建立的,土地兼并自东汉开始就已很严

---

① 《汉书》卷八六《何武王嘉师丹传》,第3496页。

② 《汉书》卷二四《食货志》,第1136页。

③ 《汉书》卷九九《王莽传》,第4110页。

④ 《汉书》卷九九《王莽传》,第4111页。

⑤ 《后汉书》卷三二《樊宏阴识列传》,第1119页。

重。如"河南帝城,多近臣,南阳帝乡,多近亲,田宅逾制,不可为准"①。马防"兄弟贵盛,奴婢各千人已上,资产巨亿,皆买京师膏腴美田"②。为增加赋税,光武帝曾实行度田,核实被隐瞒的土地,但由于官僚贵族的阻挠而最终失败,自此以后,土地兼并之势便一发不可收拾。到东汉后期,豪强地主和商人地主肆无忌惮地兼并土地。仲长统在《昌言·理乱篇》云:"豪人之室,连栋数百,膏田满野,奴婢千群,徒附万计。船车贾贩,周于四方,废居积贮,满于都城。琦赂宝货,巨室不能容;马牛羊豕,山谷不能受。"③在《昌言·损益篇》中指出:"井田之变,豪人货殖,馆舍布于州郡,田亩连于方国。身无半通青纶之命,而窃三辰龙章之服;不为编户一伍之长,而有千室名邑之役。荣乐过于封君,势力侔于守令。财赂自营,犯法不坐。刺客死士,为之投命。至使弱力少智之子,被穿帷败,寄死不敛,冤枉穷困,不敢自理。"他认为,造成这些状况,"盖分田无限使之然也"④。

黄巾起义后,出现了不少无人耕种的土地:"名都空而不居,百里绝而无民者,不可胜数"⑤;"今者土广民稀,中地未垦"。李贤注:"上田已耕,唯中地已下未也。"⑥在这种情况下,仲长统提出了限田的主张:"今者土广民稀,中地未垦;虽然,犹当限以大家,勿令过制。其地有草者,尽曰官田,力堪农事,乃听受之。若听其自取,后必为奸也。"⑦这里的"制"指多少并没有言明,有人认为"不是孟子的'八家一井'的土地制,而是一夫占百亩而言"⑧。限田的目的是"限夫田以断并兼",李贤注:"并兼谓豪富之家以财势并取贫人之田而兼有之"。⑨占田的限额正如《司马法》所云:"步百为亩,亩百为夫,夫三为屋,屋三为井。"⑩也就是每户有井田之中的一百亩,

---

① 《后汉书》卷二二《朱景王杜马刘傅坚马列传》,第781页。
② 《后汉书》卷二四《马防列传》,第857页。
③ 《后汉书》卷四九《王充王符仲长统列传》,第1648页。
④ 《后汉书》卷四九《王充王符仲长统列传》,第1651页。
⑤ 《后汉书》卷四九《王充王符仲长统列传》,第1649页。
⑥ 《后汉书》卷四九《王充王符仲长统列传》,第1656页。
⑦ 《后汉书》卷四九《王充王符仲长统列传》,第1656页。
⑧ 罗庆康:《东汉后期限田论辨析》,《湘潭师范学院学报》(哲学社会科学版)1995年第1期。
⑨ 《后汉书》卷四九《王充王符仲长统列传》,第1653页。
⑩ 《后汉书》卷四九《王充王符仲长统列传》,第1653页。

每户以百亩为最高额,不准超过,不准豪富"兼而有之"。这实际上是对封建土地私有制的维护与巩固,客观上也能起到保护小农占有部分土地权益的作用。

但是,仲长统的限田之议是以奴隶制时期实行的井田制为基础的,这对以土地私有制为经济基础的汉代而言,无疑是历史的倒退,这就注定了限田仅仅停留在提议阶段,很难付诸实施。

二、假民公田与赐民公田

假民公田与赐民公田,不仅是汉政府救济灾民的措施之一,在非灾害时期,政府也往往假田或赐田给贫民,作为济贫的重要措施。

(一)假民公田

假民公田,就是政府把公田暂时借给无地或少地的贫民,收取地租。"假,犹租赁。"①接受假田的贫民,变成了国家的佃农,向国家缴纳假税。赋民公田就是政府把土地分给农民,"赋"与"赐"同义,即"给予"的意思。接受赋田的农民,也就获得了土地的所有权,成为按法令向国家缴纳地税的自耕农。一般认为,"假民公田"的做法出现在宣帝以后。宣帝地节元年(前69年)三月,"假郡国贫民田"。颜师古注:"权以给之,不常与。"②说明"假民公田"在宣帝之前是不常有的,但并不是说宣帝之前就没有这种做法。武帝时,被徙于朔方以南新秦中的贫民,就是假贷国有土地从事农耕的。武帝元朔二年(前127年),因大败匈奴,收复河南,设置朔方、五原等郡,政府便"募民徙朔方十万口"③以实边。元狩四年(前119年)冬,"关东贫民,徙陇西、北地、西河、上郡、会稽凡七十二万五千口,县官衣食振业"④。由于迁徙的灾民的衣食皆"仰给于县官","费以亿计",导致"县官大空",于是,政府"假予产业"⑤,帮助贫民恢复生产,以减少政府的财政负担。高敏认为,"假予产业",应当包括租赁土地和借贷种子、农具等内容在内。⑥ 笔

---

① 《后汉书》卷四《孝和孝殇帝纪》李贤注,第177页。
② 《汉书》卷八《宣帝纪》,第246页。
③ 《汉书》卷六《武帝纪》,第170页。
④ 《汉书》卷六《武帝纪》,第178页。
⑤ 《史记》卷三十《平准书》,第1425页。
⑥ 高敏:《论汉代"假民公田"制的两种类型》,《求索》1985年第1期。

者认为,这里的"产业"是否包括种子和其他农具,有待考证,但是包括土地是可以肯定的。武帝的乳母曾上书说:"某所有公田,愿得请假倩(借)之。"武帝问:"乳母欲得之乎?"便将公田"予赐乳母"。① 昭帝时有人议论:"今县官之多张苑囿、公田、池泽,公家有鄣假之名,而利归权家。三辅迫近于山、河,地狭人众,四方并凑,粟米薪菜,不能相赡。公田转假,桑榆菜果不殖,地力不尽。愚以为非。"②说明昭帝时就有"假田"了。《汉书·食货志》载:"令命家田三辅公田。"韦昭注:"命谓爵命者。命家,谓受爵命一爵为公士以上,令得田公田,优之也。"③有人根据以上三条材料认为,当时能够假公田的可能不是没有爵命的贫民,④此说非也。从"公家有鄣假之名,而利归权家"、"公田转假"可知,当时假田的主要对象并不是地主豪强,而是贫民。汉政府的出发点是为了安置贫民,但是在操作过程中,公田往往被有权势者所攫取,然后他们再把"公田转假"给贫民,从中牟利,这便出现了"利归权家"的现象,这样才会有人加以非议。

假民公田多在宣帝地节元年以后实行。宣帝地节元年(前69年)"假郡国贫民田"⑤,而颜师古注"权以给之,不常与",应该是宣帝之前的事。因为从地节元年开始,颁布的假民公田的诏书较多,而且假田常与贷种子、粮食结合起来,以安顿贫民。地节三年(前67年)三月,宣帝诏令:"假公田,贷种、食"⑥;元帝初元二年(前47年)三月,诏令"罢黄门乘舆狗马,水衡禁囿、宜春下苑、少府佽飞外池、严籞池田假与贫民"⑦。

东汉时,和帝、安帝时期较多实行假田予民。和帝永元五年(93年)二月,诏令"有司省减内外厩及凉州诸苑马。自京师离宫果园上林广成囿悉以假贫民,恣得采捕,不收其税"⑧;九月,令"官有陂池,令得采取,勿收假

---

① 《史记》卷一二六《滑稽列传》,第3204页。

② 《盐铁论校注》卷三《园池》,第171页。

③ 《汉书》卷二四《食货志》,第1139~1140页。

④ 段伟:《汉代公田救灾方式与产权变迁》,《山西大学学报》(哲学社会科学版)2006年第2期。

⑤ 《汉书》卷八《宣帝纪》,第246页。

⑥ 《汉书》卷八《宣帝纪》,第248页。

⑦ 《汉书》卷九《元帝纪》,第281页。

⑧ 《后汉书》卷四《孝和孝殇帝纪》,第175页。

税二岁"①;永元十五年(103 年),和帝诏令"百姓鳏寡渔采陂池,勿收假税二岁"②;安帝永初元年(107 年)二月,诏"以广成游猎地及被灾郡国公田假与贫民"③。

(二)假田的税率

高敏认为,宣帝以前的"假民公田"是租佃型"假民公田"制,其田租是高于国家(郡国)地租的,它在东汉时还存在。东汉初期的会稽都尉任延,曾"省诸卒,令耕公田,以周穷急","令耕公田"似为以公田租赁于民而榨取地租。④ 笔者认为,此说欠妥。设问:如果假田的田租高于郡国的田租,对于服役的士卒(农民),无疑是个沉重的负担,谈何"以周穷急"呢?任延征收税率应是低于郡国租额或者免收田租,因此才被誉为"以周穷急"。至于武帝时曾说"今内史稻田租挈重,不与郡同,其议减"⑤,也不能说明此时假田的田租过高。因为,"田租挈重"的原因是"内史"在辖区内私自增加田租,使租额高于"四方诸郡",武帝发觉后便下令减下来。政府假田给贫民的初衷是好的,只是地方在执行过程中,乘机勒索农民。周国林也认为:这里把"内史"与"诸郡"比较,并非因采用不同土地制度而并论,而是因地区分布的不同而相提,⑥此说甚是。

至于假税的税率是多少,是否高于三十税一?因史料未载,不得而知。学界对此有多种说法。祝瑞开认为,假税通常在百分之五十以上,剥削量远远超过了自耕农的田租。⑦ 高敏认为,假税的税率应为收获物的百分之五十,即十税五。⑧ 钱剑夫认为,无论西汉还是东汉,公田假税的征收都不同于田租的"三十税一",而是比照私租"十分取五"或者是"收其太半"。⑨

---

① 《后汉书》卷四《孝和孝殇帝纪》,第 177 页。

② 《后汉书》卷四《孝和孝殇帝纪》,第 191 页。

③ 《后汉书》卷五《孝安帝纪》,第 206 页。

④ 高敏:《论汉代"假民公田"制的两种类型》,《求索》1985 年第 1 期。

⑤ 《汉书》卷二九《沟洫志》,第 1685 页。

⑥ 周国林:《战国迄唐田租制度研究》,华中师大出版社 1993 年版,第 216 页。

⑦ 祝瑞开:《汉代的公田和假税——附说秦的"受田"和"租""赋"》,《西北大学学报》(哲学社会科学版)1980 年第 3 期。

⑧ 高敏:《秦汉史论集》,中州书画社 1982 版,第 86 页。

⑨ 钱剑夫:《秦汉赋役制度考略》,湖北人民出版社 1984 年版,第 41 页。

张传玺认为,汉代的假税为"什税五"。① 林剑民认为,汉代的假税高达百分之四十以上。② 罗庆康认为,假税是三十税一,而不是十税五。③ 笔者比较赞成假税为三十税一的看法,汉代假税的税率不会高于三十税一,否则贫民无法承受。事实上,虽然"三十税一"的假税税率是比较低的,但这对贫民来说,已经达到了最大限度的剥削量,负担并不算轻。因为得到假田的贫民,往往是两手空空,一无所有。当他们租借了公田之后,不仅要交纳假税,还需交赋,服役。正如《盐铁论·未通篇》所言:"田虽三十,而以顷亩出税,乐岁粒米狼戾而寡取之,凶年饥馑而必求足。加之以口赋更繇之役,率一人之作,中分其功。农夫悉其所得,或假贷而益之。是以百姓疾耕力作,而饥寒遂及己也。"④如果假税率高达百分之五十,则这些贫民所受的剥削量等同于私家佃农。这样就达不到救济贫困、恢复生产的目的,也不会出现豪强"分田劫假"的现象了。另外,从任延获得"令耕公田,以周穷急"的美誉来看,假田的税率应当是和国家征收的地税率(三十税一)持平的。当然,在实际操作过程中,假田的田租有可能比普通田租高一些,甚至有可能等同于高额地租。假田除了交纳田租以外,还要缴纳一部分租地的费用。《九章算术》有道算术题:"今有假田:初假之岁三亩一钱;明年四亩一钱;后年五亩一钱。凡三岁得一百,问田几何? 答曰:一顷二十七亩、四十七分亩之三十一。"⑤说明在国家与百姓之间的公田使用权交易活动中,百姓需要支付一定的手续费。所以王莽指出:"汉氏减轻田租,三十而税一,常有更赋,罢癃咸出,而豪民侵陵,分田劫假,厥名三十,实什税五也。"颜师古注"分田劫假"说:"分田,谓贫者无田而取富人田耕种,共分其所收也。假亦谓贫人赁富人之田也。劫者,富人劫夺其税,侵欺之也。"⑥豪强依势强占借给贫民的官有土地,收取高额租税,这和"公家有鄣假之名,而利归权家"的说法是相吻合的。可以说,作为一项"德政",汉政府把官有土地假给贫民,而执行结果,有相当部分假田落入豪强手中,终于导致"厥名

① 张传玺:《秦汉问题研究》,北京大学出版社 1985 年版,第 92 页。
② 林剑民:《秦汉史》,上海人民出版社 2003 年版,第 396 页。
③ 罗庆康:《浅论汉代"假税"的阶级实质》,《益阳师专学报》1984 年第 4 期。
④ 《盐铁论校注》卷三《未通》,第 190 页。
⑤ 李继闵:《九章算术》卷六《均输》,陕西科学技术出版社 1993 年版,第 358 页。
⑥ 《汉书》卷二四《食货志》,第 1143~1144 页。

三十,实什税五也"的后果。

(三)赐民公田

西汉时赋民公田的例子不多。如高帝二年(前205年),开放秦时的苑囿园池,"令民得田之";武帝建元元年(前140年),"罢苑马,以赐贫民"①;宣帝时"相胜之奏夺王射陂草田以赋贫民,奏可"②;元帝初元元年(前48年)三月,"以三辅、太常、郡国公田及苑可省者振业贫民,赀不满千者赋贷种"③;哀帝建平元年(前6年)正月,"太皇太后诏外家王氏田非冢茔,皆以赋贫民"④。

大规模的赐田是在东汉时期。东汉初期,人口锐减,出现了大片荒芜无主的田地,这些田地也就成为东汉政府可以支配的公田。朝廷除了将这些公田的一部分赐给功臣贵族外,主要用于"赋民",以吸引和安置流民。建武十六年(40年),光武帝派遣使者"下郡国,听群盗自相纠讁","徙其魁帅于它郡,赋田受禀,使安生业"⑤。明帝、章帝时期赋予贫民公田的次数更多。据初步统计,从明帝永平九年(66年)至安帝永初三年(109年)的44年的时间里,共颁布假民公田和赋民公田的诏令达20多次,其中赋民公田的次数达12次。如明帝永平九年(66年)夏四月"诏郡国以公田赐贫人各有差"⑥;章帝建初元年(76年)秋七月,诏令"以上林池籞田赋与贫人"⑦;元和三年(86年)二月,诏令"今肥田尚多,未有垦辟。其悉以赋贫民,给与粮种,务尽地力,勿令游手"⑧;安帝永初三年(109年)三月,诏令"上林、广成苑垦辟者,赋与贫民"⑨。

汉代"假"民或"赋"民的公田不仅是荒芜、贫瘠的土地,还有肥田,甚至是皇家园林、苑池等。尽管在实施假田和赋田的过程中,豪强地主常常依势侵夺、垄断或兼并这些田地,但假民公田或赐民公田作为安置贫民的一

---

① 《西汉会要》卷五十《食货一》,第581页。

② 《汉书》卷六三《武五子传》,第2761页。

③ 《汉书》卷九《元帝纪》,第279页。

④ 《汉书》卷十一《哀帝纪》,第338页。

⑤ 《后汉书》卷一《光武帝纪》,第67页。

⑥ 《后汉书》卷二《显宗孝明帝纪》,第112页。

⑦ 《后汉书》卷三《肃宗孝章帝纪》,第134页。

⑧ 《后汉书》卷三《肃宗孝章帝纪》,第154页。

⑨ 《后汉书》卷五《孝安帝纪》,第213页。

项措施,还是发挥了一定的积极作用。一方面,增加国家财政收入。汉代假民的公田主要有两类:一是散布于三辅和各郡国的官有土地,即"三辅公田"、"太常公田"、"郡国公田"等。如元帝初元元年(前 48 年)三月,"以三辅、太常、郡国公田及苑可省者振业贫民,赀不满千者赋贷种"[1];明帝永平九年(66 年)四月,"诏郡国以公田赐贫人各有差"。二是苑囿园池及进入生产过程的江海陂湖、山林川泽。如元帝初元元年(前 48 年)四月,诏令"江海陂湖园池属少府者以假贫民"[2]。这些"公田"分别由大司农或少府掌管,国家把部分公田"假"给无田的贫民,可增加国家财政收入。有人认为汉代的假税在国家财政收入中的比重很大,超过"田租"、"赋敛"的总和。[3] 这一说法是否可信,本书不作讨论,但有一点是可以肯定的,那就是汉政府假民公田或赐民公田的目的不仅是救济贫民,也是争取更多国家的佃户,以增加国家的财政收入。另一方面,解决了一些破产农民无地可耕的问题,使一些因丧失土地而流亡的农民得到安置。尤其是得到"假田"的贫民享有暂时免除租税的优待,使贫民具备了从事农业生产的基本条件。如和帝永元五年(93 年)二月,诏令:"有司省减内外厩及凉州诸苑马。自京师离宫果园上林广成囿悉以假贫民,恣得采捕,不收其税"[4];九月,令,"官有陂池,令得采取,勿收假税二岁"[5]。

---

①　《汉书》卷九《元帝纪》,第 279 页。

②　《汉书》卷九《元帝纪》,第 279 页。

③　赵俪生:《试论两汉的土地所有制和社会经济结构》,《文史哲》1982 年第 2 期。

④　《后汉书》卷四《孝和孝殇帝纪》,第 175 页。

⑤　《后汉书》卷四《孝和孝殇帝纪》,第 177 页。

第五章 对贫困官吏和寒士的救济

第一节 对贫困官吏的救济

一、汉代官俸差距悬殊

汉承秦制,官俸以谷物为计算单位,"以石论秩"。在统治阶级内部,规定了一个从万石到斗食的完整的官秩等级制度。汉代官秩共分为万石、中二千石、二千石、比二千石、千石、比千石、六百石、比六百石、四百石、比四百石、三百石、比三百石、二百石、比二百石、百石、比百石、斗食、佐史等级别。以六百石为界,六百石以上为官,六百石以下为吏;六百石至一千石为中级官员;二千石至万石为高级官员。各级官吏的俸禄差距很大,见表5-1所示。

表 5-1 两汉各秩别月俸钱比较表

秩别	东汉月俸钱	实际内容		西汉月俸钱
		谷/斛	钱	
三公	35000	175	17500	60000
中二千石	18000	90	9000	20000
二千石	12000	60	6000	16000
比二千石	10000	50	5000	12000
千石	9000	45	4500	

续表

秩别	东汉月俸钱	实际内容		西汉月俸钱
		谷/斛	钱	
比千石	8000	40	4000	
六百石	7000	35	3500	6000
比六百石	5500	27.5	2750	3000
四百石	5000	25	2500	
比四百石	4500	22.5	2250	
三百石	4000	20	2000	
比三百石	3700	18.5	1850	
二百石	3000	15	1500	2000
比二百石	2700	13.5	1350	1200
百石	1600	8	800	720
斗食	1100	5.5	550	600
佐史	800	4	400	

资料来源：黄惠贤、陈锋主编：《中国俸禄制度史》，武汉大学出版社 1996 年版，第 55 页。

从表 5-1 可知，一个高级官员的基本俸禄，可以超过一个低级小吏的基本俸禄近 100 倍，甚至更多。如西汉时丞相、大司马的月俸 60000 钱，二千石官员月俸 16000 钱，而百石小吏的月俸只有 720 钱，百石以下的月俸还不到 600 钱。朝廷增加俸禄和额外赏赐的主要对象是高官，如成帝绥和元年（前 8 年），"益大司马、大司空奉如丞相"①。另外，汉政府有定期赏赐官员的政策（春赐和腊赐），据《汉官仪》记载："立春之日，遣使者赐文官司徒、司空帛三十匹，九卿十五匹；武官太尉、大将军各六十匹，执金吾、诸校尉各三十匹。武官倍于文官"②；"腊赐大将军、三公钱各二十万，牛肉二百斤，粳米二百斛，特进、侯十五万，卿十万，校尉五万，尚书三万，侍中、将、大夫各二万，千石、六百石各七千，虎贲、羽林郎二人共三千，以为祀门户

---

① 《汉书》卷十《成帝纪》，第 329 页。
② （清）孙星衍等辑，周天游点校：《汉官六种》之《汉官仪二卷》，中华书局 1990 年版，第 181 页。

直"。① 汉政府对官员的赏赐是很频繁的,据《汉书》统计,西汉一代,皇帝对二千石至万石的官员进行钱、帛、食邑、爵、宅等的赏赐就达 26 次以上,其中文帝和宣帝时居多,分别达 5 次和 6 次。皇帝频繁地赏赐官员,且数量不等,无疑使各级官吏的收入差距进一步拉大。而低级小吏基本得不到赏赐,俸禄也很低。昭帝时召开的盐铁会议上,"贤良文学"明确指出:"今小吏禄薄,郡国繇役,远至三辅,粟米贵,不足相赡。常居则匮于衣食,有故则卖畜粥业。"②宣帝曾说:"今小吏皆勤事,而奉禄薄。"③东汉崔寔也曾说过:"夫百里长吏,荷诸侯之任,而食监门之禄,请举一隅,以率其余。一月之禄,得粟二十斛、钱二千。长吏虽欲崇约,犹当有从者一人。假令无奴,当复取客。客庸一月千刍,膏肉五百,薪炭盐菜又五百。二人食粟六斛,其余财足给马,岂能供冬夏衣被、四时祠祀、宾客斗酒之费乎?……盗贼主守之奸生矣。"④据崔寔所说,秩三百石的"百里长吏"的月俸"粟二十斛、钱二千",仅够雇一个客庸,除了生活开支,几乎没有剩余。一个客庸除供给饮食外,每月还有 1000 钱的工钱,收入比东汉时一个斗食小吏的月俸(550钱)还高。秩三百石的"百里长吏"生活得如此窘迫,那么低于三百石的小吏的生活状况可想而知。因此,在汉代,贪污之事时有发生。特别是东汉时期,贪污成风,政府对贪污行为多持默认的态度。顺帝时,尚书令左雄提到:"乡官部吏,职斯禄薄,车马衣服,一出于民,廉者取足,贪者充家。"所以他建议"宽其负算,增其秩禄"⑤,这与乡吏的俸禄偏低是有很大关系的。

二、对贫困官吏的救济措施

(一)调整官吏的俸禄,提高低级官吏的俸钱

针对各级官俸差距悬殊的问题,两汉政府都采取措施试图解决。西汉时,政府对官俸进行过两次调整。

---

① 《后汉书》卷四三《朱乐何列传》引《汉官仪》注,第 1482 页。

② 《盐铁论校注》卷六《疾贪》,第 421 页。

③ 《汉书》卷八《宣帝纪》,第 263 页。

④ (清)严可均辑:《全后汉文》卷四六《崔寔·政论》,商务印书馆 1999 年版,第 468~469 页。

⑤ 《后汉书》卷六一《左周黄传》,第 2017 页。

　　第一次是在宣帝时期。神爵三年(前 59 年)八月,宣帝认为:"吏不廉平,则治道衰",诏令"益吏百石以下奉十五"。① 这是增加百石以下的小吏的俸钱。如淳注:"律,百石奉月六百。"韦昭注:"若食一斛,则益五斗。"增加的数量,说法不一。《通典》在"汉制禄秩"条"宣帝又益天下吏百石以下俸十五"下引应劭注《汉书》曰:"张敞、萧望之言曰:'夫仓廪实而知礼节,衣食足知荣辱,今小吏俸率不足,常有忧父母妻子之心,虽欲洁身为廉,其势不能。请以什率增天下吏俸。'宣帝乃益天下吏俸什二。而《汉书》言什五,两存其说。"② 应该说,两种说法都有一定的道理,因为百石以下的小吏的俸钱不一。据陈梦家分析,令史、啬夫、尉史、侯史、亭长、书佐等斗食、佐史秩别的小吏,月俸钱 600、570、500、480、360、300、200、100 不等。③ 对于月俸钱为 600、500、480 的小吏,增加 20% 的可能性大,这样与秩百石的小吏的月俸(720 钱)相等或相近;对于月俸钱为 400、360、200、100 的小吏,增幅有可能为 50%。按这种比率增加,也不会超过百石的秩俸(720 钱),这有可能是西汉政府有意缩小下级官吏俸禄差距而采取的做法。

　　第二次是在哀帝时期。绥和二年(前 7 年)六月,哀帝诏令:"益吏三百石以下奉。"④ 增俸的对象是秩三百石及其以下的小吏,增俸的比率因史料未载不得而知。但无论增率是多少,这在一定程度上提高了小吏的俸钱,缩小了各级官吏之间俸禄的差距。

　　东汉建武二十六年(50 年),光武帝对俸禄制度进行改革,重新确定官吏的月俸标准,增加六百石以下官吏的俸禄,具体做法是:"千石已上,减于西京旧制;六百石以下,增于旧秩。"⑤ 减俸和增俸的幅度没有说明,不过,这次俸禄调整适当缩小了各级官吏俸禄的差距。据表 5-1 可知,东汉时,从三公至比千石官吏的月俸钱均比西汉低;而六百石以下各级吏员的月俸钱大多比西汉高。西汉三公(丞相)与斗食的月俸比率为 100∶1,东汉则降为 32∶1 略多。总之,东汉时各级官吏俸禄的差距较之西汉有所缩小。

---

① 《汉书》卷八《宣帝纪》,第 263 页。
② (唐)杜佑:《通典》卷三五《职官十七》,中华书局 1984 年版,第 199 页。
③ 陈梦家:《汉简所见奉例》,载《汉简缀述》,中华书局 1980 年版,第 145~146 页。
④ 《汉书》卷十一《哀帝纪》,第 336 页。
⑤ 《后汉书》卷一《光武帝纪》,第 77 页。

东汉中后期,政府为了缓和因自然灾害、政局动荡等因素导致的财政困难,又不得不减少百官的俸禄。安帝、顺帝、桓帝都曾诏令减百官俸禄。安帝永初四年(110 年),"诏减百官及州郡县奉各有差"①。顺帝汉安二年(143 年)十月,"甲辰,减百官奉"②。桓帝延熹三年(160 年)九月,"丁亥,诏无事之官权绝奉,丰年如故"③;延熹四年(161 年)七月,"减公卿以下奉,贷王侯半租"④;延熹五年(162 年)八月,"诏减虎贲、羽林住寺不任事者半奉,勿与冬衣;其公卿以下给冬衣之半"⑤。俸禄的减少,使百官公卿的收入大为下降,这不仅损害了他们的利益,还导致了严重的吏治问题。

(二)对低级官吏赐爵

在汉代,皇帝对低级官吏进行赐爵的次数还是比较多的。汉代有一套封爵食邑制度。高帝六年(前 201 年)五月下诏:"军吏卒会赦,其亡罪而亡爵及不满大夫者,皆赐爵为大夫。故大夫以上赐爵各一级,其七大夫以上,皆令食邑。非七大夫以下,皆复其身及户,勿事。"⑥即军吏卒拥有"七大夫"以下的爵位者本人及其家庭成员可以免除徭役。昭帝始元五年(前 82 年)六月,"赐中二千石以下至吏民爵各有差"⑦。宣帝元康元年(前 65 年)三月,"赐勤事吏中二千石以下至六百石爵,自中郎吏至五大夫,佐史以上二级"⑧;元康三年(前 63 年)春、四年(前 62 年)三月各"赐天下吏爵二级";神爵元年(前 61 年)三月,"赐天下勤事吏爵二级"⑨。元帝永光元年(前 43 年)三月,"赐吏六百石以上爵五大夫,勤事吏二级";永光二年(前 42 年)二月,"赐吏六百石以上爵五大夫,勤事吏各二级"⑩。平帝元始元年(1 年)正月,"赐帝征即位所过县邑吏二千石以下至佐史爵,各有差"⑪。虽然赐爵

---

① 《后汉书》卷五《孝安帝纪》,第 214 页。

② 《后汉书》卷六《孝顺孝冲孝质帝纪》,第 273 页。

③ 《后汉书》卷六《孝桓帝纪》,第 307 页。

④ 《后汉书》卷六《孝桓帝纪》,第 309 页。

⑤ 《后汉书》卷六《孝桓帝纪》,第 310 页。

⑥ 《汉书》卷一《高帝纪》,第 54 页。

⑦ 《汉书》卷七《昭帝纪》,第 223 页。

⑧ 《汉书》卷八《宣帝纪》,第 254 页。

⑨ 《汉书》卷八《宣帝纪》,第 259 页。

⑩ 《汉书》卷九《元帝纪》,第 287、288 页。

⑪ 《汉书》卷十二《平帝纪》,第 349 页。

的对象以六百石以上的官员为主,但统治者通过普遍赐爵、奖励"勤事吏"的方式,使那些低级官吏和廉洁贫困的官员也受惠。东汉时,皇帝对低级官吏的赐爵往往与赐民爵结合起来。如东汉元和二年(85 年),章帝"赐天下吏爵,人三级;高年、鳏、寡、孤、独帛;加赐男子爵,人二级"①。

(三)对个别贫困官吏进行赏赐

汉代皇帝很少赏赐低级官吏,但赏赐个别贫困官吏的例子还是有的。两汉不少官吏生活贫困,缺乏起码的生活条件。西汉河东平阳人尹翁归,曾先后任东海郡守、右扶风郡守。他"在公卿之间清洁自守",死时"家无余财"。②京兆杜陵人冯衍"昔在更始,太原执货财之柄,居仓卒之间,据位食禄二十余年,而财产岁狭,居处日贫,家无布帛之积,出无舆马之饰"③。大司农湛重,为官多年,家境清贫,妻子只好"裾谷给之食也"④。北海长史薛淳,家境贫苦,"坐无完席。妻曰:'居无俸禄给子孙,复无完席耶?'"⑤庐江太守羊续,"以清率下,半月一炊。惟一卧一幅布帱,帱穿败,糊纸以补之"⑥。崔寔的父亲崔瑗曾为济北相,死时崔寔卖掉田宅,"起冢茔,立碑颂",因之资产耗尽,只好"以榷酤贩鬻为业"。⑦宛陵令黄昌,"夏多蚊,贫无帱"⑧。有些官吏是为了教化百姓而清正廉洁,甘愿过贫穷的生活,因此,皇帝有时对个别贫困官员给予赏赐。西汉东方朔"待诏公车,奉禄薄"。他在与汉武帝谈话时提到:"朱儒长三尺余,奉一囊粟,钱二百四十。臣朔长九尺余,亦奉一囊粟,钱二百四十。朱儒饱欲死,臣朔饥欲死……"汉武帝大笑,于是"因使(东方朔)待诏金马门",后又多次对其赐帛⑨。贡禹未做官时,"有田百三十亩,家资不满万钱,妻子糠豆不赡,短褐不完",后受征

---

① 《东汉会要》卷二八《民政》,第 425 页。

② 《汉书》卷七六《赵尹韩张两王传》,第 3209 页。

③ (清)严可均辑:《全后汉文》卷二十《冯衍·上书自陈》,商务印书馆 1999 年版,第 194 页。

④ 《七家后汉书》,第 116 页。

⑤ 《七家后汉书》,第 137 页

⑥ 《七家后汉书》,第 14 页。

⑦ 《七家后汉书》,第 42 页。

⑧ 《七家后汉书》,第 88 页。

⑨ 《汉书》卷六五《东方朔传》,第 2842～2843 页。

赴长安,"禄赐愈多,家日以益富"。① 东汉太尉朱宠,家中贫困,"食脱粟饭,卧布被,朝廷赐锦被粱肉"②。

第二节　寒士救济

此处寒士是指贫寒的太学生、郡国学校和私学的学生以及贫困的士人。汉代大部分学生的生活是比较清苦的,如西汉泰山人王章"为诸生学长安,独与妻居。章疾病,无被,卧牛衣中,与妻决,涕泣"。③ 东汉山阳瑕丘人檀敷,"少为诸生,家贫而志清,不受乡里施惠。举孝廉,连辟公府,皆不就"。④ 汉献帝把一批60岁以上的老学生"补郎"之后,当时长安的歌谣唱道:"头白皓然,食不充粮。裹衣褰裳,当还故乡。圣主愍念,悉用补郎。舍是布衣,被服玄黄。"⑤河内人常林,"少单贫。虽贫,自非手力,不取之于人。性好学,汉末为诸生,带经耕锄。"⑥艰苦的生活,使得有些人只好"半工半读",筹措经费,以继续学业。如西汉千乘人儿宽,"以郡国选诣博士,受业孔安国。贫无资用,尝为弟子都养(颜师古注:供诸弟子烹炊也)。时行赁作,带经而锄,休息辄读诵,其精如此"⑦。丞相匡衡,"从博士受《诗》。家贫,衡佣作以给食饮"⑧。沛郡龙亢人桓荣,"少学长安,习《欧阳尚书》,事博士九江朱普。贫窭无资,常客佣以自给,精力不倦,十五年不窥家园"⑨。陈留人吴佑举孝廉,"时公沙穆来游太学,无资粮,乃变服客佣,为佑赁春。佑与语大惊,遂共定交于杵臼之间"⑩。汉代一边"游学",一边"为诸生佣"的事例还有不少。太学生中有不少是来自贫困的平民阶层,正

---

① 《汉书》卷七二《王贡两龚鲍传》,第3073页。

② 《七家后汉书》,第152页。

③ 《汉书》卷七六《赵尹韩张两王传》,第3238页。

④ 《后汉书》卷六七《党锢列传》,第2215页。

⑤ 《后汉书》卷九《孝献帝纪》注引刘艾《献帝纪》,第374～375页。

⑥ 《三国志》卷二三《魏书·和常杨杜赵裴传》注引《魏略》,第659页。

⑦ 《汉书》卷五八《公孙弘卜式儿宽传》,第2628页。

⑧ 《史记》卷九六《张丞相列传》,第2688页。

⑨ 《后汉书》卷三七《桓荣丁鸿列传》,第1249页。

⑩ 《后汉书》卷六四《吴延史卢赵列传》,第2100页。

因如此,他们被一些官僚所鄙视。如桑弘羊在盐铁会议上抨击他们说:"欲以闾里之治,而况国家之大事,亦不几矣! 发于畎亩,出于穷巷,不知冰水之寒,若醉而新寐,殊不足与言也。"①尚书令霍山称:"诸儒生多窭(颜师古注:窭,贫而无礼)人子。远客饥寒,喜妄说狂言。"②

太学生可"复其身",③即免去赋役,这对穷苦的太学生来说,无疑是项救济措施。有些年纪大些的太学生因朝廷怜悯而获得一官半职。如灵帝熹平五年(176 年),"试太学生年六十以上百余人,除郎中、太子舍人至王家郎、郡国文学吏"。④ 献帝初平四年(193 年)下诏:"今耆儒年逾六十,去离本土,营求粮资,不得专业。结童入学,白首空归,长委农野,永绝荣望,朕甚愍焉。其依科罢者,听为太子舍人。"⑤有时个别官员也会救济太学生,如东汉大鸿胪包咸把明帝赏赐的"珍玩束帛"和增加的俸禄都分给贫困的太学生。⑥ 桓帝太常赵典,"每得赏赐,辄分与诸生之贫者"⑦。城门校尉窦武,遇"是时羌蛮寇难,岁俭民饥",于是把两宫赏赐,"悉散与太学诸生"。⑧

此外,汉代,特别是东汉郡国学校发展很快。有个别地方官吏比较重视兴办地方学校,对学生采取减免徭役或资助的办法,以减轻学生的负担。西汉景帝末年,蜀郡守文翁,"仁爱好教化"。为了改变"蜀地辟陋有蛮夷风"的局面,他一方面,"选郡县小吏开敏有材者张叔等十余人亲自饬厉,遣诣京师,受业博士,或学律令";另一方面,"又修起学官于成都市中,招下县子弟以为学官弟子,为除更徭,高者以补郡县吏,次为孝弟力田。常选学官僮子,使在便坐(注:别坐)受事"。⑨ 东汉武威太守任延,"造立校官,自掾[史]子孙,皆令诣学受业,复其徭役。章句既通,悉显拔荣进之。郡遂有儒

---

① 《盐铁论校注》卷二《忧边》,第 161 页。
② 《汉书》卷六八《霍光金日䃅传》,第 2954 页。
③ 《汉书》卷八八《儒林传》,第 3594 页。
④ 《后汉书》卷八《孝灵帝纪》,第 338 页。
⑤ 《后汉书》卷九《孝献帝纪》,第 374 页。
⑥ 《后汉书》卷七九《儒林列传》,第 2570 页。
⑦ 《后汉书》卷二七《宣张二王杜郭吴承郑赵列传》,第 948 页。
⑧ 《后汉书》卷六九《窦何列传》,第 2239 页。
⑨ 《汉书》卷八九《循吏列传》,第 3625~3626 页。

雅之士"①。东汉末京兆太守颜斐,"起文学,听吏民欲读书者,复其小徭"②。刘表据荆州时,"关西、兖、豫学士归者盖有千数,表安尉赈赡,皆得资全。遂起立学校,博求儒术,綦毋闿、宋忠等撰立《五经》章句,谓之后定。爱民养士,从容自保"③。

---

①　《后汉书》卷七六《循吏列传》,第 2463 页。

②　《三国志》卷十六《魏书·任苏杜郑仓传》注引《魏略》,第 153 页。

③　《后汉书》卷七四《袁绍刘表列传》,第 2421 页。

第六章　两汉民间的慈善行为

第一节　两汉个人慈善行为

　　积德行善、扶危济困是中华民族的传统美德。慈善事业是现代社会的产物,但是作为个人行为,慈善活动在中国存在了很长的时间。"虽然慈善一词是佛教传入以后才使用的,但相当于慈善的思想和行为在中国早就已经出现了"[①],从西周开始,就有行侠仗义、疏财济贫、助孤扶残、尊老爱幼的善举。汉代继承了这一美德并使之发扬光大。

一、慈善的定义

　　在中国的古代典籍中,"慈善"一词是分开使用的。《说文解字》记载:"慈,爱也。"[②]慈,或指父母对子女的抚育之爱,如唐诗《游子吟》云"慈母手中线,游子身上衣";或谓子女对父母的孝敬奉养之爱,如《庄子·渔父》云"事亲则慈孝"[③],《礼记·内则》提到"父子皆异宫。昧爽而朝,慈以旨甘"[④],《国语·齐语》云"慈孝于父母"[⑤];或指官府对幼小的关爱,如《周礼》云"以保

---

①　王卫平:《论中国古代慈善事业的思想基础》,《江苏社会科学》1999 年第 2 期。

②　《说文解字注》,第 501 页。

③　(清)王先谦注:《庄子集解》卷八《渔父》,上海书店 1987 年版,第 88 页。

④　陈戍国:《礼记校注》,岳麓书社 2004 年版,第 193 页。

⑤　黄永堂译注:《国语全译》卷六《齐语》,贵州人民出版社 1995 年版,第 247 页。

息六养万民,一曰慈幼",郑玄注:"慈幼,谓爱幼少也"①。又《国语·吴语》云:"老其老,慈其幼,长其孤。"②以后,"慈"在此基础上引申出怜爱、仁慈等方面的含义,如《新书》中就有"恻隐怜人之慈"③的说法。孔颖达注疏《左传》有云:"慈者,爱出于心,恩被于物也。"④

"善,吉也","此与义美同意",⑤后引申为"和善、友好"。如《管子·心术》中"善气迎人,亲如弟兄;恶气迎人,害于戈兵"⑥的"善"就是此意。而"慈"和"善"二字合用最早出现于《北史》"(崔)光宽和慈善"⑦的记载。

关于"慈善"的含义,崔乃夫认为主要是指对穷人的救济、救助。⑧ 周秋光和曾桂林指出:"慈善是一种社会行为,是指在政府的倡导或帮助与扶持下,由民间的团体和个人自愿组织与开展活动,对社会中遇到灾难或不幸的人,不求回报地实施救助的一种高尚无私的支持与奉献行为。"⑨简言之,慈善是指具有同情心的人帮助社会上需要帮助的弱者的行为,是人与人之间互助、关爱的行为,扶贫救济是其主要内容。

两汉是中国封建社会发展的第一个高峰期,"让爵、让产、散财、振施之事,以汉世为最多"⑩。这一现象的出现与当时的时代背景是息息相关的。

二、出现个人慈善行为的社会背景

(一)儒学思想成为封建国家的统治思想

西汉以降,为恢复凋敝的社会经济,从高帝刘邦到景帝的 60 多年,统治者推行"无为而治"的黄老思想,做到与民休息,清静无为。武帝时期,董仲舒"罢黜百家,独尊儒术"的主张为武帝所接受,确立了儒家思想作为封

---

① 《周礼注疏》卷十,第 363 页。
② 黄永堂:《国语全译》卷十九《吴语》,贵州人民出版社 1995 年版,第 699 页。
③ (汉)贾谊:《新书》卷八《道术》,中华书局 1985 年版,第 82 页。
④ 杨伯峻编:《春秋左传注》,中华书局 1990 年版,第 637 页。
⑤ 《说文解字注》,第 102 页。
⑥ 颜昌晓:《管子校释》卷十三《心术》,岳麓书社 1996 年版,第 334 页。
⑦ (唐)李延寿:《北史》卷四四《崔光列传》,中华书局 1974 年版,第 1622 页。
⑧ 崔乃夫:《纵谈中国公益之路》,《公益时报》2004 年 1 月 24 日。
⑨ 周秋光、曾桂林:《中国慈善简史》,人民出版社 2006 年版,第 6 页。
⑩ 吕思勉:《吕思勉读史札记》,上海古籍出版社 1982 年版,第 541 页。

建社会正统思想的地位。董仲舒指出：帝王应该"内爱百姓，问疾吊丧"①；臣子应该为民"供设饮食，候视疾疾，所以致养"②。这种仁德思想体现在政策上，就是要求"薄赋敛，省徭役，以宽民力"③。东汉初，光武帝深知马上可得天下，但不能治天下的道理，即位后即着手开展以崇尚儒术为内容的政治改革。"退功臣而进文吏"④，安抚民众，轻徭薄赋，实行恤幼养老的措施，这些政策和措施体现了儒家仁爱、民本、大同的慈善思想。明帝"遵奉建武制度，无敢违者"⑤，章帝"少宽容，好儒术"，在他们统治时期，社会稳定。

（二）社会两极分化严重

两汉时期，封建土地私有制不断发展，土地日益集中到大地主手中，小农经济遭到破产，导致"富者田连阡陌，贫者无立锥之地"的局面。西汉后期，陈汤上书元帝提到："关东富人益众，多规良田，役使贫民。"⑥东汉中后期，地主、官僚、商人联为一体，剥削广大农民，从而使社会少数人成为巨富，广大农民则穷困潦倒。到桓帝、灵帝时，贫富差距达到登峰造极的地步，"故富者席余而日织，贫者蹙短而岁踧，历代为虏，犹不赡于衣食，生有终身之勤，死有暴骨之忧，岁小不登，流离沟壑，嫁妻卖子，其所以伤心腐藏，失生人之乐者，盖不可胜陈"⑦。

（三）自然灾害严重

中国历史上，两汉时期是自然灾害极为频繁的时期，天灾人祸加上封建阶级的盘剥，造成广大农民流离失所，出现饿殍遍野，"相渔食"⑧的惨状，人民处于极端贫困的生死边缘。时人刘陶上疏疾呼："窃见比年已来，良苗

---

① 《春秋繁露》卷二《竹林》，第62页。

② 《春秋繁露》卷一七《天地之行》，第587页。

③ 《汉书》卷二四《食货志》，第1137页。

④ 《后汉书》卷一《光武帝纪》，第85页。

⑤ 《后汉书》卷二《显宗孝明帝纪》，第124页。

⑥ 《汉书》卷七十《傅常郑甘陈段传》，第3024页。

⑦ （汉）崔寔著，上海第八钢铁厂工人理论小组注：《政论注释》，上海人民出版社1976年版，第48页。

⑧ 《后汉书》卷五八《虞傅盖臧列传》，第1881页。

尽于蝗螟之口,杼柚空于公私之求,所急朝夕之餐,所患靡盬之事……"①两汉政府也进行了救济,但在频繁的灾害面前,政府显得力不从心。

(四)佛教和道教兴起

西汉末,佛教逐渐传入中国。佛教的"因果报应"、"生死轮回"、"三世说",尤其是"因果报应"说,对人们的心理造成巨大的冲击,引起强烈的心灵震撼,"故王公大人观死生报应之际,莫不瞿然自失"②。"因果报应"之说强调"善有善报,恶有恶报",提出"诸恶莫作"、"诸善奉行"、修善慈心的慈善观,以致一些"贪婪之吏,稍息侵渔,尸禄之官,自当廉谨"。佛教在流传过程中,还吸收儒学的伦理纲常,自我完善。无疑,佛教在调整人际关系方面,起到道德导向的作用。光武帝时期,社会上出现了传授道术的游方道士;桓帝时,形成了有组织的道教。道教吸收了墨子兼爱的思想,宣扬行善得福、积德长寿的修炼方法。道教的道书《太平经》,不仅反映了贫富悬殊的尖锐对立状况,还宣扬天人合一、善恶因果报应思想。东汉中后期,道教在下层民众中得到广泛的宣传。

(五)宗族势力发展

宗族是个有共同血缘、聚族而居的社会团体。宗族成员以宗族长为核心,以庄园为生存基地,在抵御自然灾害、兴修水利、作业管理等方面发挥重要作用。随着两汉时期大土地所有制的发展,土地高度集中,尤其东汉时庄园经济高度勃兴,宗族势力得到了空前的壮大。为增强宗族内部的凝聚力,强化宗族意识,宗族内部提倡族人互助,抚恤贫弱,实行赈施活动。如西汉末齐人楼护,出使郡国,假贷贫民,"过齐,上书求上先人冢,因会宗族故人,各以亲疏与束帛,一日散百金之费"③。东汉建初年间,"南阳大饥,米石千余"。南阳宛人朱晖"尽散其家资,以分宗里故旧之贫羸者,乡族皆归焉"④;汝南平舆人廖扶"逆知岁荒,乃聚谷数千斛,悉用给宗族姻亲,又敛葬遭疫死亡不能自收者"⑤;京兆杜陵人张纯"常分损租奉,赡恤宗亲,

---

① 《后汉书》卷五七《杜栾刘李刘谢列传》,第1846页。
② (东晋)袁宏:《后汉纪》卷十《孝明皇帝纪》,中华书局2002年版,第187页。
③ 《汉书》卷九二《游侠传》,第3707页。
④ 《后汉书》卷四三《朱乐何列传》,第1459页。
⑤ 《后汉书》卷八二《方术列传》,第2720页。

虽至倾匮，而施与不怠"①。

三、行为的主体

(一)王公贵族

光武帝的外祖父樊重"资至巨万，而赈赡宗族，恩加乡闾"，"其素所假贷人间数百万，遗令焚削文契"②；章帝时期，居巢侯刘般"迁宗正，在朝廷竭忠尽节……赈施宗族"③；光武帝郭皇后的父亲郭昌，"让田宅财产数百万与异母弟"④；明帝时期，"(马)防兄弟贵盛……岁时赈给乡闾，故人莫不周洽"⑤。

(二)地方官吏

西汉哀、平之际，京兆下邽人王丹，仕于州郡，"家累千金，隐居养志，好施周急。每岁农时，辄载酒肴于田间，候勤者而劳之"⑥。蜀郡太守廉范"广田地，积财粟，悉以赈宗族朋友"⑦。灵帝时，敦煌广至人盖勋迁为汉阳太守时，遇上饥荒，民众"相渔食"。他"先出家粮以率众，存活者千余人"⑧。献帝时，陈留太守刘翊"散所握珍玩，唯余车马……见士大夫病亡道次，翊以马易棺，脱衣敛之。又逢知故困馁于路，不忍委去，因杀所驾牛，以救其乏"⑨。

(三)佛道教徒

东汉笮融"坐断三郡委输以自入"，大兴浮屠寺。"每浴佛，多设酒饭，布席于路，经数十里，民人来观及就食且万人，费以巨亿计"⑩，救济的对象

---

① 《后汉书》卷三五《张曹郑列传》，第 1198 页。

② 《后汉书》卷三二《樊宏阴识列传》，第 1119 页。

③ (汉)刘珍撰，吴树平校注：《东观汉记校注》卷一五《刘般传》，中州古籍出版社1987 年版，第 650 页。

④ 《后汉书》卷十《皇后纪》，第 402 页。

⑤ 《后汉书》卷二四《马援列传》，第 857 页。

⑥ 《后汉书》卷二七《宣张二王杜郭吴承郑赵列传》，第 930 页。

⑦ 《后汉书》卷三一《郭杜孔张廉王苏羊贾陆列传》，第 1104 页。

⑧ 《后汉书》卷五八《虞傅盖臧列传》，第 1881 页。

⑨ 《后汉书》卷八一《独行列传》，第 2696 页。

⑩ 《三国志》卷四九《吴书·刘繇太史慈士燮传》，第 1185 页。

一般为贫苦大众。东汉中后期,道教在民间,特别是在巴蜀地区得到了广泛的传播。张鲁"据汉中,以鬼道教民,自号'师君'……诸祭酒皆作义舍,如今之亭传。又置义米肉,悬于义舍,行路者量腹取足"①。

(四)宗族成员

宗族内部互助救济是宗族的基本职能之一。西汉时期,华阳县人杨恽封侯后,把百万财产分给宗族成员。② 大司农朱邑身为列卿,把赏赐分予九族乡党。③ 光武帝的外祖父樊重不吝惜巨万家财,恩施乡邻,临死时还嘱咐家人焚烧借贷文契。④ 太中大夫郭伋把光武帝赏赐给他的"帷帐钱谷",全部"散与宗亲九族,无所遗余"。⑤ 大鸿胪韦彪清廉好施,将俸禄全部分给家族成员,家无余财。⑥ 山阳高平人张俭倾竭全部财产,与受灾的族民及其他邑民共同享用。⑦

四、救济的方式

(一)逢灾赈粮

如外戚乘氏侯梁商每遇饥荒,就将租谷运到城门口去赈济贫穷者;蜀郡人赵典遇上大饥之年,散家粮给受饿民众;鲁国薛地人曹褒,"时有疾疫",则"巡行病徒,为致医药,经理馈粥,多蒙济活"⑧。

(二)丧葬救济

即为因贫困而无法安葬亲人的人提供救济。汉初楚人朱建"母死,贫未有以发丧……辟阳侯乃奉百金赙"。⑨ 侠客原涉在赴宴途中,得知熟人家母丧而无财力举丧。于是,"乃侧席而坐,削牍为疏,具记衣被棺木,下至

---

① 《三国志》卷八《魏书·二公孙陶四张传》,第 263 页。

② 《汉书》卷六六《公孙刘田王杨蔡郑传》,第 2890 页。

③ 《汉书》卷八九《循吏列传》,第 3636 页。

④ 《后汉书》卷三二《樊宏阴识列传》,第 1119 页。

⑤ 《后汉书》卷三一《郭杜孔张廉王苏羊贾列传》,第 1093 页。

⑥ 《后汉书》卷二六《伏侯宋蔡冯赵牟韦列传》,第 920 页。

⑦ 《后汉书》卷六七《党锢列传》,第 2211 页。

⑧ 《后汉书》卷三五《张曹郑列传》,第 1205 页。

⑨ 《汉书》卷四三《郦陆朱刘叔孙传》,第 2116 页。

饭含之物,分付诸客。诸客奔走市买,至日昳皆会"。① 汝南人廖扶"敛葬遭疫死亡不能自收者"。② 陈留考城人侯览"躬助丧事,赈恤穷寡"。③ 孔融担任北海郡太守时,对该郡没有子女的百姓或暂住在该郡的四方游士,凡有死亡之人,均给棺材予以安葬。④ 简牍中也有丧葬互助的记载,如江苏仪征胥浦 101 号西汉墓木椟记录的亲朋好友赙赠给死者之弟的钱物有钱、银、缣、布、履和绣衣,"凡值钱五万七钱"⑤。

(三)收养寡孤

章帝时期,东平任城人郑均"好义笃实,养寡嫂孤儿,恩礼敦至"⑥;好黄老思想的太仆任隗,"清静寡欲,所得奉秩,常以赈恤宗族,收养孤寡"⑦;河内修武人张范"救恤穷乏,家无所余,中外孤寡妇皆归焉。赠遗无所逆,亦终不用,及去,皆以还之"⑧。

(四)医疗救济

会稽人钟离意对染疫之人关怀体恤,经常供给医药,许多人得以存活。⑨ 和帝时,将作大臣曹褒为感染疾疫的病人求医问药。⑩

(五)学业救济

东汉太常赵典,"每得赏赐,辄分与诸生之贫者"⑪;城门校尉窦武,遇"是时羌蛮寇难,岁俭民饥",于是把两宫赏赐,"悉散与太学诸生"⑫。家财巨亿的曹曾"学徒有贫者,皆给食"⑬。

---

① 《汉书》卷九二《游侠传》,第 3716 页。

② 《后汉书》卷八二《方术列传》,第 2720 页。

③ 《后汉书》卷七六《循吏列传》,第 2480 页。

④ 《后汉书》卷七十《郑孔荀列传》,第 2263 页。

⑤ 王勤金、吴炜、徐良玉、印志华:《江苏仪征胥浦 101 号西汉墓》,《文物》1987 年第 1 期。

⑥ 《后汉书》卷二七《宣张二王杜郭吴承郑赵列传》,第 946 页。

⑦ 《后汉书》卷二一《任李万邳刘耿列传》,第 753 页。

⑧ 《三国志》卷十一《魏书·袁张凉国田王邴管传》,第 338 页。

⑨ 《后汉书》卷四一《第五钟离宋寒列传》,第 1406 页。

⑩ 《后汉书》卷三五《张曹郑列传》,第 1205 页。

⑪ 《后汉书》卷二七《宣张二王杜郭吴承郑赵列传》,第 948 页。

⑫ 《后汉书》卷六九《窦何列传》,第 2239 页。

⑬ (东晋)王嘉撰,孟庆祥、商嫚妹译注:《拾遗记译注》卷六,黑龙江人民出版社 1989 年版,第 191 页。

（六）婚姻救济

东汉颍川颍阳人刘翊家世富有，普施赈济而不求施惠之名。若乡族中有尚未婚配的鳏寡之人，就帮助他们娶妻配夫。① 蜀郡人张裔"少与犍为杨恭友善，恭早死，遗孤未数岁，裔迎留，与分屋而居，事恭母如母。恭之子息长大，为之娶妇。买田宅产业，使立门户"。② 并州人王象，"少孤特，为人仆隶"。河内人杨俊"即赎象著家，聘娶立屋，然后与别"。③

（七）提供食宿

东汉汝阳人周防之父周扬，"少孤微，常修逆旅，以供过客，而不受其报"④；汉末汉中的张鲁建立了"义舍"，"又置义米肉，悬于义舍，行路者量腹取足"⑤。

五、救济的客体

（一）宗亲

宗族中被救济的对象主要是孤儿、寡嫂：如王莽的寡嫂和兄子就是依靠王莽的。王莽对他们"行甚敕备"⑥。刘秀的族兄刘嘉"少孤"，刘秀的父亲南顿君"养视如子"。⑦ 敦煌人侯瑾"少孤贫，依宗人居"。⑧ 马援的族孙马棱，"少孤，依从兄毅共居业，恩犹同产。毅卒无子，棱心丧三年"。⑨ 东汉末卢植的两个儿子死于战乱，留下妻儿，妻儿只好依靠丈夫的弟弟卢毓。⑩

（二）门生

会稽人包咸将明帝的赏赐"皆散与诸生之贫者"。⑪

---

① 《后汉书》卷八一《独行列传》，第 2696 页。

② 《三国志》卷四一《蜀书·霍王向张杨费传》，第 1012 页。

③ 《三国志》卷二三《魏书·和常杨杜赵裴传》，第 663 页。

④ 《后汉书》卷七九《儒林列传》，第 2559 页。

⑤ 《三国志》卷八《魏书·二公孙陶四张传》，第 263 页。

⑥ 《汉书》卷九九《王莽传》，第 4039 页。

⑦ 《后汉书》卷十四《宗室四王三侯列传》，第 567 页。

⑧ 《后汉书》卷八十《文苑列传》，第 2649 页。

⑨ 《后汉书》卷二四《马援列传》，第 862 页。

⑩ 《三国志》卷二二《魏书·桓二陈徐卫卢传》，第 650 页。

⑪ 《后汉书》卷七九《儒林列传》，第 2570 页。

（三）朋友、同学

朱晖与南阳人张堪以朋友相处。张堪生前把妻儿托付给朱晖，"堪卒，晖闻其妻子贫困，乃自往候视，厚赈赡之"①；济北人戴封的同学石敬平患热病死，"（戴）封养视殡敛，以所赍粮市小棺，送丧到家"②。

（四）同僚

辽东太守崔寔"建宁中病卒。家徒四壁立，无所殡敛，光禄勋杨赐、太仆袁逢、少府段颎为备棺椁葬具"③。

（五）流民

这类救济主要出现于灾荒年间。如献帝初，刘宠封国的国相骆俊"素有感恩，时天下饥荒，邻郡人多归就之，俊倾赈赡，并得全活"④。东海郯人刘虞为太傅时"务存宽政，劝督农植"。"青、徐士庶避黄巾之难归虞者百余万口，皆收视温恤，为安立生业，流民皆忘其迁徙"⑤。

六、慈善行为的动机分析

两汉时期，个人行善的原因除了有客观因素（灾害频繁）以外，还有以下主观因素。

（一）行为主体多受儒家思想影响

《廿二史札记》卷四记载："东汉功臣多近儒"，"至东汉中兴，则诸将帅皆有儒者气象，亦一时风会不同也"⑥。汝南太守寇恂，经明行修，"素好学，乃修乡校，教生徒，聘能为《左氏春秋》者，亲受学焉"，"所得秩奉，厚施朋友、故人及从吏士"⑦。韦彪"举孝廉，除郎中，以病免，复归教授……三辅诸儒莫不慕仰之"，将俸禄全部分给家族成员，家无余财。⑧ 东汉初会稽

---

① 《后汉书》卷三一《郭杜孔张廉王苏羊贾陆列传》，第1104页。
② 《后汉书》卷八一《独行列传》，第2683页。
③ 《后汉书》卷五二《崔骃列传》，第1731页。
④ 《后汉书》卷五十《孝明八王列传》，第1669页。
⑤ 《后汉书》卷七三《刘虞公孙瓒陶谦列传》，第2354页。
⑥ （清）赵翼撰：《廿二史札记》卷四《后汉书》，中国书店1987年版，第55页。
⑦ 《后汉书》卷一六《邓寇列传》，第624、626页。
⑧ 《后汉书》卷二六《伏侯宋蔡冯赵牟韦列传》，第917、920页。

都尉任延"年十二,为诸生,学于长安,明《诗》、《易》、《春秋》,显名太学",
"掾吏贫者,辄分奉禄以赈给之"。① 献帝时期,孔融"更置城邑,立学校,表
显儒术……郡人无后及四方游士有死亡者,皆为棺具而敛葬之"②。此外,
赵典"博学经书"③;包咸"习《鲁诗》、《论语》","建武中,入授皇太子《论语》,
又为其章句";④窦武"少以经行著称"⑤。他们都乐于施善。

(二)良吏在救灾中起到了表率作用

在救灾中涌现出不少乐于赈济救贫的良吏,最典型的例子是汉殇帝
时,魏郡遭水灾,太守黄香"乃分奉禄及所得赏赐班赡贫者",于是富足之家
也都纷纷捐出义谷,"助官禀贷,荒民获全"。⑥

(三)汉代崇尚名节,官僚贵族通过行善以昭示世人、后代

光武时期,司徒范迁把仅有的数亩宅地送给侄子。其妻劝他积蓄点俸
禄,作为后世的家业,范迁说"吾备位大臣而蓄财求利,何以示后世"⑦;刘
翊杀掉驾车之马,救济受饿的旧友,认为"视没不救,非志士也"⑧,于是与
旧友一起饿死。东汉末,沛国国相舒仲应把袁术交给他的十万斛米的军粮
散发给饥民,"宁可以一人之命,救百姓于涂炭"。袁术气急败坏嚷道:"仲
应,足下独欲享天下重名,不与吾共之邪?"⑨

(四)通过散财以求避灾

社会贫富悬殊,两极分化严重,不可避免会使一些人产生仇富心态。
建武时期,南阳人李元"赀财千万"。李元死后,只留下幼子李续,"诸奴婢
私共计议,欲谋杀续,分其财产"。⑩ 安帝时期,"京师劫质,不避豪贵"⑪。

---

① 《后汉书》卷七六《循吏列传》,第 2460～2461 页。
② 《后汉书》卷七十《郑孔荀列传》,第 2263 页。
③ 《后汉书》卷二七《宣张二王杜郭吴承郑赵列传》,第 947 页。
④ 《后汉书》卷七九《儒林列传》,第 2570 页。
⑤ 《后汉书》卷六九《窦何列传》,第 2239 页。
⑥ 《后汉书》卷八十《文苑列传》,第 2615 页。
⑦ 《后汉书》卷二七《宣张二王杜郭吴承郑赵列传》,第 941 页。
⑧ 《后汉书》卷八一《独行列传》,第 2696 页。
⑨ 《后汉书》卷七五《刘焉袁术吕布列传》,第 2442 页。
⑩ 《后汉书》卷八一《独行列传》,第 2679 页。
⑪ 《后汉书》卷五一《李陈庞陈桥列传》,第 1696 页。

因此,部分人通过散财得以消灾,如广汉雒县人折像"及国卒,感多藏厚亡之义,乃散金帛资产,周施亲疏",并说:"昔斗子文有言:'我乃逃祸,非避富也。'吾门户殖财日久,盈满之咎,道家所忌。"①

七、政府对个人慈善行为的提倡

因为施善救济行为体现了儒家仁义、民本的思想,有利于稳定社会秩序,巩固封建统治,所以被汉政府所提倡。

两汉时期不乏因施善而受朝廷表彰、奖励的例子。河南人卜式,"以畜为事",捐出二十万钱给河南太守以赈济流民,"上(汉武帝)于是以式终长者,乃召拜式为中郎,赐爵左庶长,田十顷,布告天下,尊显以风百姓"。② 中山太守郭伋散财宗亲,死后,光武帝亲临吊丧,"赐冢茔地"。③ 明帝听说任隗收养孤寡的事后,任命他奉朝请,后又赐予羽林左监等职。④ 东平任城人郑均"好义笃实,养寡嫂孤儿,恩礼敦至",章帝诏告庐江太守、东平相,表彰其"守善贞固,黄发不殆"。⑤ 汝南人薛包以孝行称,赈给破产弟子,安帝闻后,"公车特征,至,拜侍中"。⑥

对佛道传布"善道"的行为,统治者也是极力赞成的。因为,佛教中所宣传的戒杀乐施的善举有利稳定和巩固封建政权。封建统治者对佛教和道教的信仰是虔诚的。明帝派使者到天竺求佛法的教义,还描摹佛像。楚王刘英派郎中令奉黄缣白纨三十匹"以赎愆罪"。明帝在诏书中提到:"楚王诵黄老之微言,尚浮屠之仁祠,洁斋三月,与神为誓,何嫌何疑,当有悔吝? 其还赎,以助伊蒲塞桑门之盛馔。"⑦明帝认为:积德行善,何罪之有? 桓帝时,善于天文阴阳之术的襄楷曾上奏,希望朝廷采用《太平经》。灵帝也信道教,即位时,"以楷书为然",⑧

---

① 《后汉书》卷八二《方术列传》,第 2720 页。
② 《汉书》卷五八《公孙弘卜式兒宽传》,第 2625 页。
③ 《后汉书》卷三一《郭杜孔张廉王苏羊贾陆列传》,第 1093 页。
④ 《后汉书》卷二一《任李万邳刘耿列传》,第 753 页。
⑤ 《后汉书》卷二七《宣张二王杜郭吴承郑赵列传》,第 946 页。
⑥ 《后汉书》卷三九《刘赵淳于江刘周赵列传》,第 1295 页。
⑦ 《后汉书》卷四二《光武十王列传》,第 1428 页。
⑧ 《后汉书》卷三十《郎凯襄楷列传》,第 1085 页。

有时出于救灾考虑,两汉政府还以一定的利益条件为筹码,鼓励社会人士参与社会救济。武帝元狩三年(前120年),山东水灾,政府无力救济,遂"募豪富人相假贷",并"举吏民能假贷贫民者以名闻"。① 东汉时,政府诏令:"凡有孝子顺孙,贞女善妇,让财救患……皆扁表其门,以兴善行。"②

八、小结

首先,两汉的个人慈善救济是政府社会救济的重要补充。慈善行为是社会发展到一定阶段的产物,是伴随社会功能紊乱、贫富差距悬殊等诸多社会问题产生的。两汉时,由于天灾人祸,封建统治阶级的沉重剥削和压迫所造成的流民、贫富差距等问题十分严重,尽管政府采取了相应的救济措施,也收到了一定的效果,但是,"连岁灾荒,府藏空虚","田野空,朝廷空,仓库空"等状况是不绝史册,甚至堪称"府藏冲盈"的武帝时期,也只有"国家亡事,非遇水旱",才是"民人给家足,都鄙廪庾尽满,而府库余财"。③当武帝"外事四夷,内兴功利,役费并兴"时,便出现"天下虚耗,人复相食"④的局面。可见,仅凭政府的力量是难以应付凋敝的社会局面的。所以,私人的捐助和借贷对政府实施救济显得尤为重要。如东汉时魏郡"丰富之家各出义谷,助官禀贷,荒民获全";安帝时,安乡侯张禹"上疏求入三岁租税,以助郡国禀假"⑤;顺帝时,"羌虏数反",任城孝王刘尚之孙刘崇"辄上钱帛佐边费"⑥。这些义举对国家开展民政工作,安抚百姓无疑具有重要作用。

其次,宗族内部的慈善救济和互助行为,也起到稳定社会秩序的作用。宗族内部对鳏寡孤独、老弱病残的扶持,在某种程度上减轻了国家的财政负担,缓解了社会压力,对促进社会物质财富的再分配,缩小社会的贫富差距,增强宗族内部的团结友爱起到了积极的作用。

受社会条件的限制,这一时期的私人慈善行为带有明显的时代烙印和

---

① 《汉书》卷六《武帝纪》,第177页。

② 《东汉会要》卷二八《民政》,第420页。

③ 《汉书》卷二四《食货志》,第1135页。

④ 《汉书》卷二四《食货志》,第1137页。

⑤ 《后汉书》卷四四《邓张徐张胡列传》,第1499页。

⑥ 《后汉书》卷四二《光武十王列传》,第1443页。

局限性。

第一，行为主体观念的狭隘性。无论是王公贵族、地方官吏还是富商大贾的慈善救济无不带有浓厚的地域色彩。绝大部分的赈济对象只局限于本族宗亲或本乡邑穷困者，致使许多其他贫困者得不到有效的救济。

第二，行为主体比较单一，几乎全是贵族官僚。除此以外，其他社会力量（如商贾）很少参与社会救济，即便有参与，也是受政府一定利益的驱动。至于一般的平民百姓，大多贫困，自然不可能成为实施慈善救济的主体。

第三，动机的复杂性。有的人是为了消灾祈福而行善，似乎把慈善活动变成了一种交易，带有浓厚的功利色彩；有的人是为报私怨或达到一定的政治目的而行善，如安城孝侯刘赐为给兄报仇而散尽家财，结交宾客；河南开封人郑泰为诛杀董卓而召引宾客，"所赡救者甚众"[1]，这显然违背了行善济困的精神。

这些因素制约了两汉时期个人慈善活动的发展，毕竟两汉时期是我国慈善事业的滥觞时期，带有时代的局限性是不可避免的。然而，它所起到的积极作用是值得肯定的。

第二节　宗族救济

宗族是以血缘关系为纽带而结成的社会群体。《尔雅·释亲》云："父之党为宗族。"[2]宗族不包括由婚姻关系联结而成的母族、妻族，这是目前学界普遍接受的关于宗族的定义，也是本书采用的定义。汉代的史料中多有"九族"一词，即指宗族的范围。"九族"也指"宗族"。如《后汉书·郭伋传》云："伋以老病上书乞骸骨。二十二年，征为太中大夫，赐宅一区，及帷帐钱谷，以充其家，伋辄散与宗亲九族，无所遗余。"[3]《白虎通德论》记载："宗者，何谓也？宗，尊也。为先祖主也，宗人之所尊也。《礼》曰：'宗人将有事，族人皆待。'圣者所以必有宗何也？所以长和睦也。大宗能率小宗，小宗能率群弟，通于有无，所以纪理族人者也。……族者何也？族者，凑也，

---

① 《后汉书》卷七十《郑孔荀列传》，第2260页。

② 邹德文、李永芳注解：《尔雅》，中州古籍出版社2013年版，第200页。

③ 《后汉书》卷三一《郭杜孔张廉王苏羊贾陆列传》，第1093页。

聚也。谓恩爱相流凑也。生相亲爱,死相哀痛,有会聚之道,故谓之族。"①
这不仅说明了宗族的定义和范围,也说明了宗族具有相互救济的职能。汉
代宗族的救恤表现为赈恤贫困族员、恤养孤寡、聚族自保和举族迁徙等。

一、救恤贫困族人

救恤贫困族人是宗族救济的一项基本内容,它以生活困难的族人为救
济对象,保障这些族人的基本生存和生活需要,体现以血缘为纽带的宗族
组织所带来的脉脉温情,有效地达到了收族的效果。收族是团结族人,增
加宗族内部凝聚力的主要手段。《礼记·大传》云:"亲亲故尊祖,尊祖故敬
宗,敬宗故收族。"注云:"收族,序以昭穆也。"②这种通过"序以昭穆"的方
式来收族的做法,既反映了宗族内部的等级关系,又有利于宗族内部的团
结,使宗族不至于溃散。秦汉以降,"宗法制度已荡然无存,收族当然也不
再具有大宗纪理小宗的含义。收族也就主要体现在宗族内部的赈济、宗族
成员间的劳动协作与经济互助,以及为加强宗族的共同的血缘认同感而定
期举行的祭祀等活动方面"③。

汉代宗族内部提倡互通有无,互相帮助。《济阴太守孟郁修尧庙碑》中
记:"仲氏宗家共作大殿前石礛阶陛栏楯,贫富相扶,会计欣欢,不谋同
辞。"④当时,族内有定期赈恤的做法。《四民月令》记载:"三月……冬谷或
尽,椹、麦未熟,乃顺阳布德,振赡匮乏,务先九族,自亲者始。无或蕴财,忍
人之穷;无或利名,罄家继富,度入为出,处厥中焉";"九月,存问九族孤、
寡、老、病不能自存者,分厚彻重,以救其寒";"十月……五谷既登,家储蓄
积,乃顺时令,勒丧纪,同宗有贫寡久丧不堪葬者,则纠合族人,共兴举之;

---

① (汉)班固:《白虎通德论》卷八《宗族》,上海古籍出版社1990年版,第62页。
② 《礼记正义》卷四四《大传》,第1368页。昭穆是我国古代的宗法制度。《礼记·中
庸》称:"宗庙之礼,所以序昭穆也。"所谓昭、穆,是指宗庙中的排列次序,古人认为自始祖
以后,父称为昭,子称为穆。即始祖之庙居于正中,始祖以下,第一世居左,朝南,称昭;第
二世居右,朝北,称穆。以下凡三世、五世、七世等奇数后代皆为昭,而四世、六世、八世等
偶数后代则皆为穆。以此类推,使得祖宗与子孙后代亲疏长幼关系的排列顺序变得井井
有条,丝毫不乱。
③ 赵沛:《两汉宗族研究》,山东大学出版社2002年版,第177页。
④ (宋)洪适:《隶释隶续》,中华书局1985年版,第12页。

以亲疏贫富为差,正心平敛,毋或逾越;务先自竭,以率不随"。① 不过,宗族内部要做到"振赡匮乏"、"正心平敛,毋或逾越",显然带有理想的色彩。从"纠合族人,共兴举之"可以看出,宗族已没有公共财产了,族内定期救济已很难实行。正因如此,才需要按与死者亲疏关系及各家的贫富程度来凑钱办葬事。族内救济活动基本上转由富家来承担。身为庄园主的崔寔曾向族内其他富家提出了"度入为出"的救济原则,不要"罄家继富"。

　　救济的物品主要是钱粮、布帛等基本生活资料。如东汉建初年间,"南阳大饥,米石千余"。南阳宛人朱晖"尽散其家资,以分宗里故旧之贫羸者,乡族皆归焉"。② 太中大夫郭伋把光武帝赏赐给他的"帷帐钱谷",全部"散与宗亲九族,无所遗余"。③ 大鸿胪韦彪清廉好施,将俸禄全部分给家族成员,家无余财。④ 京兆杜陵人张纯"常分损租奉,赡恤宗亲,虽至倾匮,而施与不息"。⑤ 山阳高平人张俭倾竭全部财产,与受灾的族民及其他邑民共同享用。⑥ 河南洛阳人种暠把父亲生前留下的三千万资财,"悉以赈恤宗族及邑里之贫者。其有趣名利,皆不与交通"。⑦ 也有分田宅给族人,为其提供基本的生产资料的。如东汉南阳宛人吴汉"尝出征,妻子在后买田业。汉还,让之曰:'军师在外,吏士不足,何多买田宅乎!'遂尽以分与昆弟外家"。⑧ 蜀郡太守廉范"广田地,积财粟,悉以赈宗族朋友"。⑨ 冯翊云阳人宣秉"所得禄奉,辄以收养亲族。其孤弱者,分与田地,自无担石之储"。⑩ 也有助葬贫困族人或为族人婚配的。如刘翊"救给乏绝,资其食者数百人。乡族贫者,死亡则为具殡葬,嫠(注:寡妇)独则助营妻娶"。⑪ 汝南平舆人廖扶"逆知岁荒,乃聚谷数千斛,悉用给宗族姻亲,又敛葬遭疫死亡不能自

---

① 　缪桂龙选译:《四民月令选读》,农业出版社1984年版,第11、28、31页。

② 　《后汉书》卷四三《朱乐何列传》,第1459页。

③ 　《后汉书》卷三一《郭杜孔张廉王苏羊贾列传》,第1093页。

④ 　《后汉书》卷二六《伏侯宋蔡冯赵牟韦列传》,第920页。

⑤ 　《后汉书》卷三五《张曹郑列传》,第1198页。

⑥ 　《后汉书》卷六七《党锢列传》,第2211页。

⑦ 　《后汉书》卷五六《张王种陈列传》,第1826页。

⑧ 　《后汉书》卷十八《吴盖陈臧列传》,第683页。

⑨ 　《后汉书》卷三一《郭杜孔张廉王苏羊贾陆列传》,第1104页。

⑩ 　《后汉书》卷二七《宣张二王杜郭吴承郑赵列传》,第928页。

⑪ 　《后汉书》卷八一《独行列传》,第2696页。

收者"①。对贫困族人的救济在很大程度上解决了族人的困难,这在强化宗族成员对宗族组织的依赖性以及增强宗族的凝聚力方面起到了很大的作用。

救济物品基本按血缘关系的亲疏即"自亲者始"的原则来分配。如《四民月令》记载:"务先九族,自亲者始""以亲疏贫富为差"。西汉末班伯"志节忼慨","因召宗族,各以亲疏加恩施,散数百金"。② 西汉末齐人楼护,出使郡国,假贷贫民。"过齐,上书求上先人冢,因会宗族故人,各以亲疏与束帛,一日散百金之费"。③

汉代赈恤族人的事例颇多,这里简单分析一下其中的动机。有些人救恤族人的动机是博取名声、壮大自身力量。如王莽把受赐的二千三百万黄金,"复以其千万分予九族贫者",同时他又"收赡名士,交结将相卿大夫甚众。故在位更推荐之,游者为之谈说,虚誉隆洽,倾其诸父矣"。④ 但是大部分救恤族人之举受以下因素影响:(1)维护宗族内部的和睦团结稳定,防止宗族没落。如东汉末河内温人司马朗遇"时岁大饥,人相食",于是"收恤宗族,教训诸弟,不为衰世解业"。⑤ 司马朗"教训诸弟"就是出于巩固族内团结的考虑。太原祁人温恢年十五时,父亲去世。"送丧还归乡里,内足于财。"他感慨道:"世方乱,安以富为?"于是,"一朝尽散,振施宗族。州里高之,比之郇越"。⑥ 这不仅体现温恢的气度,也说明他希望通过散财来维护宗族内部的团结。(2)汉代崇尚施舍的义行及淡泊名利的风气很盛行。吕思勉认为:其时"去封建之世近,士之好名,甚于其好利,故能施者较多,而其事亦易传于后耳"。⑦ 不少富人因乐于施善而备受尊敬。班伯因慷慨施善,"北州以为荣,长老纪焉"。⑧ 颍川舞阳人韩棱"世为乡里著姓","棱四岁而孤,养母弟以孝友称。及壮,推先父余财数百万与从昆弟,乡里益高之"。⑨ 魏谭"有一孤兄子,年一二岁,常自养视,遭饥馑,分升合以相生

---

① 《后汉书》卷八二《方术列传》,第2720页。
② 《汉书》卷一〇〇《叙传》,第4199页。
③ 《汉书》卷九二《游侠传》,第3707页。
④ 《汉书》卷九九《王莽传》,第4040页。
⑤ 《三国志》卷十五《魏书·刘司马梁张温贾传》,第467页。
⑥ 《三国志》卷十五《魏书·刘司马梁张温贾传》,第478页。
⑦ 吕思勉:《吕思勉读史札记》,上海古籍出版社1982年版,第544页。
⑧ 《汉书》卷一〇〇《叙传》,第4199页。
⑨ 《后汉书》卷四五《袁张韩周列传》,第1534页。

活"。由于缺粮,他丢弃自己的女儿,"养活兄子,州郡高其义"。① 第五伦遇"米石万钱,人相食"之时,"独收养孤兄子、外孙,分粮共食,死生相守,乡里以此贤之"。② 类似的例子还有不少。(3)通过散财化解仇富心态。如西汉刘德"宽厚,好施生",他认为:"家产过百万,则以振昆弟宾客食饮,曰:'富,民之怨也。'"③东海兰陵人疏广"即归乡里,日令家共具设酒食,请族人故旧宾客,与相娱乐"。有人劝他为子孙多买田宅,他认为这样做只会"教子孙怠惰耳"。"且夫富者,众人之怨也;吾既亡以教化子孙,不欲益其过而生怨"。④ 疏广是想通过与宗亲乡党一起享用其赐,达到既教化子孙,又安享"余日"的目的。(4)朝廷对相关义举的赏识或奖励起到了推动作用。如齐人楼护因"出使郡国,假贷贫民"有功,回来交差时,"奏事称意,擢为天水太守"。⑤ 南阳宛人任隗乐于赈济宗族。"显宗闻之,擢奉朝请"。⑥ 任峻"于饥荒之际,收恤朋友孤遗,中外贫宗,周急继乏,信义见称。建安九年薨,太祖流涕者久之"。⑦ (5)察举征辟的导向。在汉代,察举、征辟是入仕最主要的两个途径,朝廷根据"四科"选拔人才。《后汉书·百官志》应劭注引《汉官仪》曰:"丞相故事,四科取士,一曰德行高妙,志节清白;二曰学通行修,经中博士;三曰明达法令,足以决疑,能案章复问,文中御史;四曰刚毅多略,遭事不惑,明足以决,才任三辅令:皆有孝悌廉公之行。"⑧汉代的"四科"先后有所变动,如王莽时的四科是德行、政治、文学、语言。东汉后期,范滂举孝廉、光禄四行。这"四行"是:敦厚、质朴、逊让、节俭。⑨ 作为察举的内容之一——孝廉很注重德行与名望,这在两汉基本上没有变化,而施善轻财是德行的重要表现。汉代有不少轻财好施的士人得到察举。东汉会稽上虞人朱儁,"少孤,母尝贩缯为业。儁以孝养致名,

① (汉)刘珍撰,吴树平校注:《东观汉记校注》卷十五,中州古籍出版社1987年版,第643页。
② 《后汉书》卷四一《第五钟离宋寒列传》注引《东观记》,第1395页。
③ 《汉书》卷三六《楚元王传》,第1928页。
④ 《汉书》卷七一《隽疏于薛平彭传》,第3040页。
⑤ 《汉书》卷九二《游侠传》,第3707页。
⑥ 《后汉书》卷二一《任李万邳刘耿列传》,第753页。
⑦ 《三国志》卷十六《魏书·任苏杜郑仓列传》,第490页。
⑧ 《后汉书》卷二四《百官一》应劭注引《汉官仪》,第3559页。
⑨ 《后汉书》卷六七《党锢列传》李贤注引《汉官仪》,第2204页。

为县门下书佐,好义轻财,乡间敬之。……后太守徐珪举儁孝廉"①。东汉末温恢因振施宗族,名望很高而"举孝廉"。② 杨俊"振济贫乏,通共有无。宗族知故为人所略作奴仆者凡六家,俊皆倾财赎之",后曹操举他为茂才。③ 会稽阳羡人许荆为了给两个弟弟创造察举的条件,在分配财产时,特意制造"自取肥田广宅奴婢强者,二弟所得并悉劣少"④的假象,以此彰显弟弟让财之美德。

二、恤养孤寡

宗族、姻亲、朋友是民间恤养孤寡的主要力量,在宗法关系网严密的中国古代社会,宗族内部的收养,又是救济孤寡的最主要方式。在汉代,宗族收养孤儿或侍养寡妇的实例很多。南阳宛人任隗,"所得奉秩,常以赈恤宗族,收养孤寡"⑤;敦煌人侯瑾,"少孤贫,依宗人居"⑥。不过,汉代收养孤寡的责任主要由叔父承担,这也是家族扶养孤寡的通常形式。如西汉河东平阳人尹翁归,"少孤,与季父居"。⑦ 王莽"受礼经,师事沛郡陈参,勤身博学,被服如儒生。事母及寡嫂,养孤兄子,行甚敕备"。⑧ 光武帝刘秀兄弟从小沦为孤儿,叔父"(刘)良抚循甚笃"。⑨ 刘秀的侄子刘章,从小就是孤儿,刘秀对他"抚育恩爱甚笃"。⑩ 东平任城人郑均,"好义笃实,养寡嫂孤儿,恩礼敦至"。李贤引《东观汉记》作注:"(郑)均失兄,养孤兄子甚笃,已冠娶,出令别居,并门,尽推财与之,使得一尊其母,然后随护视振给之"。⑪ 陈留人毛玠,"居显位,常布衣蔬食,抚育孤兄子甚笃,赏赐以振施贫族,家

① 《后汉书》卷七一《皇甫嵩朱儁列传》,第2308页。
② 《三国志》卷十五《魏书·刘司马梁张温贾传》,第478页。
③ 《三国志》卷二三《魏书·和常杨杜赵裴传》,第663页。
④ 《后汉书》卷七六《循吏列传》,第2471页。
⑤ 《后汉书》卷二一《任李万邳刘耿列传》,第753页。
⑥ 《后汉书》卷八十《文苑列传》,第2649页。
⑦ 《汉书》卷七六《赵尹韩张两王传》,第3206页。
⑧ 《汉书》卷九九《王莽传》,第4039页。
⑨ 《后汉书》卷十四《宗室四王三侯列传》,第558页。
⑩ 《后汉书》卷十四《宗室四王三侯列传》,第553页。
⑪ 《后汉书》卷二七《宣张二王杜郭吴承郑赵列传》,第946页。

无所余"。① 卢植的儿子卢毓,十岁时成为孤儿。"遇本州乱,二兄死难。当袁绍、公孙瓒交兵,幽冀饥荒,养寡嫂孤兄子,以学行见称。"②这些现象表明,汉代宗族内部的收养职能更多由关系更为密切的家族内部成员(父、子、孙三代)来执行,"通过这一系列家族抚孤慈幼的义行,家族孤寡的生活得到照顾,使得整个家族关系处于融融情意之中。家族在经济生活中的重要作用得以最充分最现实的体现"③。

三、聚族自保和举族迁徙

在西汉末和东汉末,连年不断的天灾人祸,造成了大量的人口死亡。正如仲长统所言:"名都空而不居,百里绝而无民者,不可胜数。"④曹植描述当时的情景是:"家家有僵尸之痛,室室有号泣之哀。或阖门而殪,或覆族而丧"⑤,社会处在动荡流离之中。为此,不少宗族修建坞堡,建立起武装组织,实行自卫,以维持族人的生存利益。

王莽时期"兵革并起,宗族老弱在营保间",河南缑氏人孙堪"常力战陷敌,无所回避,数被创刃,宗族赖之,郡中咸服其义勇"。⑥ 更始年间,南阳大姓樊宏,"与宗家亲属作营堑自守",以抵抗赤眉军的进攻。"老弱归之者千余家"。⑦ 东汉末,黄巾起义沉重打击了不少豪右大族,不少人率族修建坞堡,来抵御和镇压黄巾军起义,保障族内的安全与稳定。谯国人许褚,"聚少年及宗族数千家,共坚壁以御寇",⑧抵抗黄巾军的进攻。吴郡富春人孙静,"纠合乡曲及宗室五六百人以为保障,众咸附焉"。⑨ 其中一些宗族拥有强大的武装力量,渐渐发展成为地方割据势力。如西汉末年,"更始

---

① 《三国志》卷十二《魏书·崔毛徐何邢鲍司马传》,第 375 页。

② 《三国志》卷二二《魏书·桓二陈徐卫卢传》,第 650 页。

③ 李卿:《秦汉魏晋南北朝时期家族、宗族关系研究》,上海人民出版社 2005 年版,第 163 页。

④ 《后汉书》卷四九《王充王符仲长统列传》,第 1649 页。

⑤ (汉)曹植著,赵幼文校注:《曹植集校注》,人民文学出版社 1984 年版,第 177 页。

⑥ 《后汉书》卷七九《儒林列传》,第 2578 页。

⑦ 《后汉书》卷三二《樊宏阴识列传》,第 1121 页。

⑧ 《三国志》卷十八《魏书·二李臧文吕许典二庞阎传》,第 542 页。

⑨ 《三国志》卷五一《吴书·宗室传》,第 1205 页。

新立,三辅连被兵寇,百姓震骇,强宗右姓各拥众保营,莫肯先附"。① 西汉末,"赵、魏豪右往往屯聚"。清河大姓赵纲"遂于县界起坞壁,缮甲兵",以对抗刘秀的进攻,"为在所害"。② 到东汉时,豪强宗族拥有了强大的军事力量。《四民月令》记载:二月,"顺阳习射,以备不虞";三月,"警设守备,以御春饥草窃之寇";八月,"上角弓弩,缮治鎽正,缚徽弦,遂以习射";九月,"缮五兵,习战射,以备寒冻穷厄之寇"。③ 这些宗族军事组织在维护本族民众生命财产安全的同时,又往往给社会带来新的不安定因素。

东汉末年,人们为了逃避战乱,除了就地修建坞堡外,还大规模地向边远地区迁移。在各种社会关系中,同宗血缘关系往往被认为是最可靠的社会关系。"在迁移过程中,可能会遇到各种各样的危险和困难,单枪匹马很难到达目的地,只有依靠集体的力量,才能求得生存"。④ 颍川人韩融,"时将宗亲千余家,避乱密西山中"。⑤ 这一迁移活动,往往是由宗族中比较有名望,能力较强或勇敢善战者组织领导进行的。如汝南平靖人许靖,"少与从弟劭俱知名,并有人伦臧否之称,而私情不协。……收恤亲里,经纪振赡,出于仁厚"。汉末大乱,"孙策东渡江,皆走交州以避其难,靖身坐岸边,先载附从,疏亲悉发,乃从后去,当时见者莫不叹息"。⑥ 汉末河内温人常林少时深受"父党"赏识,救恤邻里。避地上党时,发生灾害,于是率其宗族,"依故河间太守陈延壁"。⑦ 河内人杨俊"外宽内直,仁而有断",备受吏民称赞。值兵荒马乱之时,"乃扶持老弱诣京、密山间,同行者百余家。俊振济贫乏,通共有无。宗族知故为人所略作奴仆者凡六家,俊皆倾财赎之"。⑧ 右北平人田畴,"善击剑","多称其奇"。其乐于施赈宗族,把所得赏赐,"皆散之宗族知旧","得北归,率举宗族他附从数百人,扫地而盟曰:'君仇不报,吾不可以立于世!'遂入徐无山中,营深险平敞地而居,躬耕以

---

① 《后汉书》卷三一《郭杜孔张廉王苏羊贾陆列传》,第1091页。

② 《后汉书》卷七七《酷吏列传》,第2492页。

③ 缪桂龙选译:《四民月令选读》,农业出版社1984年版,第7、11、26、28页。

④ 李卿:《秦汉魏晋南北朝时期家族、宗族关系研究》,上海人民出版社2005年版,第236页。

⑤ 《后汉书》卷七十《郑孔荀列传》,第2281页

⑥ 《三国志》卷三八《蜀书·许糜孙简伊秦传》,第963~964页。

⑦ 《三国志》卷二三《魏书·和常杨杜赵裴传》,第659页。

⑧ 《三国志》卷二三《魏书·和常杨杜赵裴传》,第663页。

养父母。百姓归之,数年间至五千余家"。① 在举族迁徙的过程中,有时要付出很大的代价。如韩融率宗亲千余家避乱密西山时,荀彧认为不安全,于是"独将宗族从馥",而未从馥者多为董卓将李傕所杀。②

总之,在灾荒战乱时期,作为宗族成员习惯依赖的对象,宗族组织义不容辞地充当了宗族成员保护者的角色,成为族众团聚的核心。为了抵抗外来侵扰,保护族众安全,宗族组织在聚落周围修建寨堡、组建宗族武装或举族迁徙,这在很大程度上解除了族人的困境,强化了宗族成员对宗族组织的依赖性,增强了宗族的凝聚力。

第三节　民间互助组织

无论是政府实施的社会救济,还是民间进行的慈善救济,其作用毕竟都是有限的,社会的贫困成员并不能都受到赈济。面对灾害和贫困,汉代的一些普通民众为了生存和发展,便自发地组织了各种互助组织,出土资料中的僤(单、弹)、社等组织就反映了这一信息。

一、东汉《侍廷里父老僤买田约束石券》的研究

东汉侍廷里父老僤是汉代最具有代表性的民间互助组织。东汉《侍廷里父老僤买田约束石券》是目前发现的中国历史上最早的互助民约,自出土后,引起不少学者的关注,对其研究取得很大的成就,但仍有进一步探讨的余地。

（一）个别字词的勘误

为便于讨论,先将券文抄录于下:

> 建初二年正月十五日,侍廷里父老僤祭尊
> 于季、主疏左巨等廿五人共为约束石券里治中
> 以永平十五年六月中造起僤,敛钱共有六万
> 一千五百,买田八十二亩。僤中其有訾次

---

① 《三国志》卷十一《魏书·袁张凉国田王邴管传》,第341、343页。
② 《后汉书》卷七十《郑孔荀列传》,第2281页。

当给为里父老者,共以容田借与,得收田

上毛物谷粮自给。即訾下不中还田,

转与当为父老者。传后子孙以为常。

其有物故,得传后代户者一人。即僤

中皆訾下不中父老,季、巨等共假赁

田。它如约束。书单侯、单子阳、伊伯通、锜中都、周平、周兰

□□、周伟、于中山、于中程、于季、于孝卿、于程、于伯先、于孝

左巨、单力、于稚、锜初卿、左中孝、尹思、锜季卿、尹太孙、于伯和、

尹明功①

笔者对个别字加以说明和补充。第五行第十字,俞、张二人释为"容"字,甚是。第十一行头两字,模糊不可辨。有学者认为此二字"误刻而被有意削去",②笔者认为不妥。原因如下:其一,误刻两字的概率不大。其二,既为"约束",用词必须严谨、准确,前后文不能互相抵牾。如是误刻,造僤者只有24人,则前文的"廿五"必须改为"廿四",但未见改动之迹象。所以,张认为此二字当为人名无疑,甚是。第十行"束"字后面,似有一字之空。像"书"字的繁体字"書"。又因以下列举的都是人名,所以析为"书"字(可解释为"刻"的意思)比较妥当。又,末行第十三字似为"尹"字,并非如黄士斌等人认为的"王"字或张金光等人认为的"于"字。又"卿"字与"尹"之间有三字。张认为,第一字是"左",甚是。其余两字,依稀可看出些笔画,疑似"中"、"孝"二字。

(二)"容田"的作用和特点

关于"容田",俞伟超解释为"礼仪之田",是"供应礼仪活动需要的一种经济来源",③笔者认为这个看法不妥。张金光认为:容田,"其义蕴有二:

---

① 此券文,采用黄士斌《河南偃师县发现汉代买田约束石券》(载《文物》1982年第12期)一文的释文,参考释文中所附的券文图片,采用张金光《有关东汉侍廷里父老僤的几个问题》(载《史学月刊》2003年第10期)一文的句读。

② 邢义田:《汉代的父老僤与聚族里居》,载梁庚尧、刘淑芬主编:《城市与乡村》,中国大百科全书出版社2005年版,第29页。

③ 俞伟超:《中国古代公社组织的考察——论先秦两汉的单—僤—弹》,文物出版社1988年版,第121页。

一方面,作为对其(里父老)德高望重以及其率教导民活动的奖赏;另一方面,也是对其德政活动破费之补偿",①甚是。原因有二:一是俞伟超的观点言外之意即里父老的职责仅仅主持祭礼、求雨等礼仪活动,这与事实不符。里父老的职责是繁杂的,如教化百姓、"为善防奸"②、维护地方秩序、督促农耕、主持祭祀等。此外还要教育少年儿童。《春秋公羊传》何休注:"十月事讫,父老教于校室,八岁者学小学,十五者学大学,其有秀者,移于乡学……"③可以说,里父老一身而多任,绝不仅仅充当主持"春、秋二社一类的活动"的角色。二是里社活动也不仅仅由里父老一人主持。汉代的里社设有官方身份的"厨护"之职,专司社供,领导里社活动。县衙之中,设有廷掾一职,其"春夏为劝农掾,秋冬为制度掾"④,负责"春祠社稷","谨修治社稷"⑤。因此,称"容田"为"礼仪之田"是不妥的。汉代里父老任务繁重,又没有俸禄,还要"负担因部分里民破产而无法支付的社祭费用,甚至在与官吏接触时也可能受到不同程度的搜刮,替里正担负所需经费"⑥。侍廷里父老僤置"容田"的目的就是给充当里父老者提供一份可供"自给"的土地,以补偿其经济损失。因此,称"容田"是对里父老德政的奖赏和公共活动破费的补偿是不为过的。

宁可认为,这八十二亩容田具有集体所有制的特点,⑦这是有道理的。原因有如下几点:第一,土地由僤成员集资购买,所有权归僤组织;第二,购田的目的是为里父老提供处理里事务时所需的经费;第三,僤对土地的所有权是稳固的。僤成员不能私自划分该土地,其后代只能继承土地的使用权。在里父老缺职的情况下,可租赁该田地,地租应该交与僤作为里公共活动的经费。这种土地的所有制形式与古代村社的井田制有所不同:首先,古代村社中,集体土地由集体成员耕种,而"容田"并非集体耕种,而是

---

① 张金光:《有关东汉侍廷里父老僤的几个问题》,《史学月刊》2003年第10期。

② 《汉书》卷八九《循吏传》,第3629页。

③ (汉)何休解诂,(唐)徐彦疏,刁小龙整理:《春秋公羊传注疏》,上海古籍出版社2014年版,第679页。

④ 《后汉书》卷一一八《百官五》,第3623页。

⑤ 甘肃省博物馆等编:《居延新简·甲渠侯官与第四燧》,文物出版社1990年版,第69页。

⑥ [韩国]金秉骏:《汉代乡里统治之变迁》,《中华文化论坛》2004年第1期。

⑦ 宁可:《关于〈汉侍廷里父老僤买田约束石券〉》,《文物》1982年第12期。

供给里父老自用,或假赁僤成员耕种。其次,井田制度下,集体耕作的收入用来支付公共费用,"方里而井,井九百亩,其中为公田,八家皆私百亩,同养公田,公事毕,然后敢治私事"①,而"容田"的收入不用于公共开支,只属于里父老。因此,这种公有土地又"显然已经打上了私有制的烙印"②。西汉时期,集体土地被侵占,公社瓦解,土地兼并严重,土地买卖现象极为普遍。出土的各种买卖田地券就反映了汉代土地私有观念已深入人心的现实。容田这种土地制度具有公有和私有的二重性,属于土地公有制向私有制的过渡阶段,而僤组织的存在也是古代农村公社残余的体现。

(三)父老僤所反映的汉代私社与国家的关系

父老僤是个为解决里父老的活动费用,共同集资买田而自愿结成的民间团体,是在"生产和生活互助的职能已逐渐被排除在作为基层政权的里的职能之外"的情况下③,私人之间出于生产和生活互助的需要而组建的私社。在汉代,社与里出现了明显的分离趋势,私社普遍存在。除了类似父老僤性质的互助私社外,还有其他性质的私社(如各种单、弹、僤组织)。如《汉书·五行志》记载:"建昭五年,兖州刺史浩赏禁民私所自立社。"颜师古注:"张晏曰:'民间三月九月又社,号曰私社。'臣瓒曰:'旧制二十五家为一社,而民或十家五家共为田社,是私社'。"④

汉代大量私社的产生与政府对私社的矛盾态度有关系。

一方面,汉政府不得不接受私社。因为:第一,秦汉以降,以井田制为基础的农村公社已趋于瓦解,继而被以地缘关系为基础的乡里组织所取代。武帝以后,土地私有制急剧发展,大量自耕农的土地被兼并,加上自然灾害频繁,社会政治动乱,社会上出现了大批无家可归的流民。封建政府为安定生产,稳定社会秩序,把大批失去土地的农民迁移到他处,并赐以田地,逐渐形成新的村社。⑤ 第二,减轻政府的财政负担。春秋以前,所有的

---

① 马一弘主编:《孟子》,湖南大学出版社 2014 年版,第 108 页。

② 林甘泉:《"侍廷里父老僤"与古代公社组织残余问题》,《文物》1991 年第 7 期。

③ 宁可:《关于〈汉侍廷里父老僤买田约束石券〉》,《文物》1982 年第 12 期。

④ 《汉书》卷二七《五行志》,第 1413 页。

⑤ 《后汉书》卷三《肃宗孝章帝》元年二月条,诏曰:"……其令郡国募人无田欲徙他界就肥饶者,恣听之。到在所,赐给公田,为雇耕佣,赁种饷,贳与田器,勿收租五岁,除算三年。其后欲还本乡者,勿禁。"

社都为政府操办。《礼记·祭法》记载:"王为群姓立社,曰大社。王自为立社,曰王社。诸侯为百姓立社,曰国社。诸侯自为立社,曰侯社。大夫以下成群立社,曰置社。"郑玄注:"大夫不得特立社,与民族居,百家以上则共立一社,今时里社是也。"①西汉时,官社仅到县社为止。《汉书·郊祀志》提到:"(高帝二年)……因令县为公社。"李奇注:"犹官社。"又记载:"高祖十年春,有司请令县常以春二月及腊祠稷以羊彘,民里社各自裁以祠。制曰:'可。'"②即高帝刘邦颁布诏令,让各家摊派每年"春秋之祠,用钱三百"的费用,这种做法部分地减轻了国家的财政负担。这一诏令无疑助长了私社的发展。第三,有许多如父老僤、街正弹、正卫弹的组织是出于经济互助的目的而结成的。在自然灾害频繁、小农经济脆弱的两汉时期,这种组织对稳定和恢复生产起到了一定的作用,对此,汉政府自然是了解的。

另一方面,私社与传统的里社及官方规定是相违的,故汉政府对私社又加以控制。第一,禁止多人聚集饮酒,加强治安管理。汉律规定:"三人已上无故群饮,罚金四两。"③第二,集体活动官方化。里社中除了有专职管理人员——"厨护",还有"平政"、"谷吏"、"监"、"平"等职役。乡里还有县衙派遣的劝农掾,主管乡里"春祠社稷"的活动。里社中饮酒、求雨、祭祀等活动的程序与官社没有两样。《春秋繁露·求雨》记载:"春旱求雨,令县邑以水日,祷社稷山川……凿社通之于间外之沟,取五虾蟆,错置社之中……"④可见,官社的求雨程序已施行于私社之中。可以说,汉政府为了使里父老的工作能够更有效地进行,只好承认了这种新形式的自发的乡村组织,出现了"一边控制里社一边承认私自结社"⑤的情况。

类似父老僤的民间互助组织有着悠久的历史,似乎可以追溯到秦时。周家台30号秦墓出土的《日书》,分别提到田社和里社两种社神。有学者认为:这里的田社可能就是由农民自行另立于野地的私社。⑥而私社的蓬勃发展是在西汉末到东汉时期,它同古代的农村公社有着比较密切的联

---

① 《礼记正义》卷五五《祭法》,第1798页。

② 《汉书》卷二五《郊祀志》,第1211、1212页。

③ 《史记》卷十《孝文本纪》文颖注,第417页。

④ (汉)董仲舒:《春秋繁露》卷十六《求雨》,上海古籍出版社1989年版,第88页。

⑤ [韩国]金秉骏:《汉代乡里统治之变迁》,《中华文化论坛》2004年第1期。

⑥ 杨华:《战国秦汉时期的里社与私社》,载牟发松主编《社会与国家关系视野下的汉唐历史变迁》,华东师范大学出版社2006年版,第121页。

系,但时代又赋予了它不同的特点,互助协作是其根本宗旨。所以,这种民间组织在两汉时期能得到发展是必然的。

二、其他民间互助组织

两汉时期的民间,还存在其他一些不同性质和不同形式的乡村互助组织。这些组织多以"弹"或"僤"来命名,这在正史中没有记载,但在出土的石碑和官印中多有反映。[①]

(一)农业生产互助组织——街弹和田社

"街弹"一名,源于《周礼》郑玄注文。《周礼》记载:"里宰,掌比其邑之众寡与其六畜、兵器,治其政令,以岁时合耦于锄,以治稼穑。"郑玄注:"锄者,里宰治处也,若今街弹之室,于此合耦,使相佐助,因放而为名。"[②]"弹"即"僤"、"单"。[③] 据郑玄注,至迟在东汉,农村就有一种称为"街弹"的组织,其目的是"合耦","使相佐助"。出入相扶持、疾困相救恤是中华民族的传统美德。中华文化历经数千年风风雨雨而绵延不绝的原因就是"互相扶助,互相训诲,互相劝勉,简言之,即是互助的力量",这种互助的力量是"维持乡村社会的原动力"。[④] 虽然汉代的农村经济有了很大的发展,但生产力整体水平依然低下,农业生产工具落后,因此乡邻间互相帮助,更有利于提高农业产量,减少因势单力薄而无法进行耕作之不便。据《汉书·食货志》记载:"春[将]出民,里胥平旦坐于右塾,邻长坐于[左]塾,毕出然后归,夕亦如之。"[⑤]沈钦韩注:"右塾、左塾,即汉街弹室也。"[⑥]类似于协调里民互助之所的"街弹之室"称锄,或左塾、右塾,汉代则称街弹室、塾等。宁可认为:汉代以"单"、"僤"、"弹"命名的结社,原皆为除地之仪,还指聚会或聚会

① 俞伟超:《中国古代公社组织的考察——论先秦两汉的"单—僤—弹"》,文物出版社 1988 年版,第 80 页。

② 《周礼注疏》卷十七,第 574 页。

③ 俞伟超:《中国古代公社组织的考察——论先秦两汉的"单—僤—弹"》,文物出版社 1988 年版,第 75 页。

④ [俄]克鲁泡特金著,朱洗译:《互助论》,转引自蔡勤禹著:《国家社会与弱势群体——民国时期的社会救济(1927—1949)》,天津人民出版社 2003 年版,第 223 页。

⑤ 《汉书》卷二四《食货志》,第 1121 页。

⑥ (清)沈钦韩:《汉书疏证》,上海古籍出版社 2006 年版,第 469 页。

的场所,最后发展成为一种组织,街弹就是其中一种。① 据郑玄注,从先秦到两汉时,街弹是普遍存在的。出土的官印记有各类的弹名,如"酒单"、"千岁单"、"长寿单"等,也可证实这一点。那么街弹的具体作用是什么?

首先,促成合耦共耕以解决劳力之不足。汉代农业生产是在以一家一户为单位的个体小生产者基础上进行的,牛耕已得到普及,但是汉代的牛耕常常采用耦犁法即二牛合耕法,这往往非一户的人力所能及。武帝时期,赵过改进犁耕技术,"率十二夫为田一井一屋,故亩五顷,用耦犁,二牛三人,一岁之收常过缦田亩一斛以上,善者倍之","民或苦少牛,亡以趋泽,故平都令光教过以人挽犁。过奏光以为丞,教民相与庸挽犁,率多人者田日三十亩,少者十三亩,以故田多垦辟"。② 崔寔在《政论》中提到东汉多人合作的牛耕情况:"今辽东耕犁,辕长四尺,回转相妨,既用二牛,两人牵之,一人将耕,一人下种,二人挽耧,凡用两牛六人。"③所以一般来说,要顺利完成这一复杂的耕作过程,就需要多家的协力共耕。而里宰治处为合耦之所,表明共耕之事是由地方基层组织——里来安排的。

其次,督劝耕种,即"趋其耕耨"。西周时期,里吏就有组织和督促民众生产的职责了。《汉书·食货志》记载:"春[将]出民,里胥平旦坐于右塾,邻长坐于[左]塾……"孟康注:"里胥,如今里吏也。"颜师古注:"门侧之堂曰塾。坐于门侧者,督促劝之,知其早晏,防怠惰也。"可见,督劝里民及时耕作,是自西周以来地方基层政府组织进行乡里生产管理的传统。

街弹起源于生产力水平低下的先秦时期,但并未随着农业生产力的提高而解体,因为通力合作的共耕方式在农业生产整体落后的汉代仍有其存在的价值。直至东汉末年,"弹"才基本消失,在东汉以后的各类史料中很难发现有类似"弹"组织的记载了。

(二)均平徭役的组织——正卫弹

汉代还有一种旨在均平徭役的组织——正卫弹。东汉《酸枣令刘熊碑》记载:"君讳雄,字孟□,广陵海西人也……出省杨土,流化南城……三祀有成,来臻我邦。……量能授宜,官无旷事,□□为正,以卒为更。愍念

---

① 宁可:《关于〈汉侍廷里父老僤买田约束石券〉》,《文物》1982 年第 12 期。

② 《汉书》卷二四《食货志》,第 1139 页。

③ (汉)崔寔:《政论》,转引自缪启愉、缪桂龙撰:《齐民要术译注》,上海古籍出版社2006 年版,第 46 页。

丞民,劳苦不均,为作正弹,造设门更,富者不独逸乐,贫者□□□□,□顺四时,积和感畅,岁为丰穰,赋税不烦,寔我刘父,吏民爱若慈父,畏若神明……"[1]《鲁阳都乡正卫弹碑》记载:"民获所欲,不复出赋,官吏□□□□□……府文于侧,纪弹之利。其辞曰:……弹。国服为息,本存子衍。上供正卫,下给更贱。民用不□……。防彼君臣,贪婪放散,歃血誓之,浊涉革惮。……"[2]《都乡正卫弹碑》记载:"愍夫徭役之不□……于是乎轻赋□敛,调□□富,结单言府,斑董科例,收其□□□□之目,临时募顾,不烦居民。"[3]以上碑文中的"正卫"是指服正卒的男子。《汉旧仪》云:"民年二十三为正,一岁而以为卫士,一岁为材官、骑士,习射御骑驰战阵。"[4]汉代政府规定每个成年男子每年到本县或本郡服役一个月,称为更卒或卒更。23岁至56岁之间的男子,需要到京师服役一年,称为正卒。[5]若本人无法服役,可出钱雇人代替,每月出钱三千,称为践更。个别地方官吏组织百姓建立了"正卫弹",以政府贷款的方式筹集资本,将所得的利息,用于雇佣劳役,以减轻人民的兵役负担。入弹的农民只需缴纳一定数量的代役钱,就可不必亲自服役,而由官府"临时募顾"代役。有的地方把结弹收集的钱存储起来,由官府放贷取息,"国服为息,本存子衍,上供正卫,下给更贱(践)"。这种做法,不失为节约人力的有效办法,减少了农民应服劳役兵役的烦劳,使其有更多的时间从事农务,有利于当地农民财富的积累。所谓"岁为丰穰,赋税不烦",虽有溢美之嫌,但这类组织的确起到了减轻农民赋役的作用,不然,百姓何以会立碑勒文赞颂正卫弹呢?

综上所述,汉代的一些民间互助组织,显然还带有古代农村公社残余的痕迹,春秋战国时期,随着奴隶土地公有制的解体,公社组织趋于瓦解,但是共同体组织及其土地所有制的残余,在以后的历史发展中却长期遗留下来。自汉以后,历代还存在大量以血缘和地缘为纽带的村落。面对频繁

---

① (宋)洪适:《隶释隶续》,中华书局1985年版,第64页。

② 残碑存南阳市画像石馆,转引自俞伟超:《中国古代公社组织的考察——论先秦两汉的"单—僤—弹"》,文物出版社1988年版,第135页。

③ (宋)洪适:《隶释隶续》,中华书局1985年版,第163页。

④ (汉)卫宏撰,(清)孙星衍校:《汉旧仪》卷下,中华书局1985年版,第15页。

⑤ 男子的服役年限为23岁至56岁的规定始于昭帝时期,汉代正卒的起役和止役年龄前后有所变化,见施伟青:《关于秦汉徭役的若干问题》,载《中国古代史论丛》,岳麓书社2004年版,第167页。

的天灾人祸以及出于互保的考虑，各家族以及乡党邻里不断地巩固和提升互助合作关系，如汉代"合耦"、"使相佐助"的做法，就是古代农村公社成员之间协作从事耕耘传统的遗留。而东汉侍廷里父老僤约束石券所反映的土地所有制，"则是一种集体公有制的形式，只不过明显地打上了私有制的烙印"①。

至于政府对这类组织所持的态度，只要不悖于封建专制主义中央集权制度，不触犯统治阶级利益，汉政府原则上是不加禁止的。这类组织协作互助的本质，既符合儒家的仁义思想，又有利于民生，对稳定地方秩序，安抚民心有一定的作用，故汉政府允许其存在。

第四节　邻里互助

汉代对乡里的管理大多沿用先秦时期的一些模式，即"五家为邻，五邻为里，四里为族，五族为党，五党为州，五州为乡"②。封建政府采用这一管理模式的目的是加强对民众的控制，但客观上也有利于邻里间和谐相处，团结互助，关系更加融洽。汉代的邻里关系总体上是融洽的，如西汉云阳令王吉，"少时学问，居长安。东家有大枣树垂吉庭中，吉妇取枣以啖吉。吉后知之，乃去妇。东家闻而欲伐其树，邻里共止之，因固请吉令还妇。里中为之语曰：'东家有树，王阳妇去；东家枣完，去妇复还。'"③邻居听说王吉因其妻子摘取自家的枣而去之的事后，为了不影响邻里关系，而欲伐其树，由此可以看出，王吉与其邻居关系非常融洽。这种融洽的邻里关系使人们在生活中形成了互相帮助的好传统。东汉王符在《潜夫论·爱日篇》指出："冤民仰希申诉"，"或连日累月，更相瞻视。或转请邻里，馈粮应对"。④有人申冤，乡邻给予支持，这反映了邻里互助的人间真情。

两汉之际，食物短缺。为共渡难关，邻里之间互相馈赠、互相扶助的例子不少。更始时期，平原太守伏湛面对"仓卒兵起，天下惊扰"的局势，对妻

---

① 林甘泉：《"侍廷里父老僤"与古代公社组织残余问题》，《文物》1991 年第 7 期。

② 《汉书》卷二四《食货志》，第 1121 页。

③ 《汉书》卷七二《王贡两龚鲍传》，第 3066 页。

④ 《后汉书》卷四九《王充王符仲长统传》，第 1640 页。

子说:"夫一谷不登,国君彻膳。今民皆饥,奈何独饱?""乃共食粗粝,悉分奉禄以赈乡里,来客者百余家。"① 东汉末年,范冉"遭党人禁锢",只好"载妻子,捃拾自资",其邻居尹台"遗之一斛,嘱儿莫道。冉后知,即令并送六斛,言麦已杂矣,遂誓不敢受"。② 邻居送给范冉一斛麦是出于对他的同情,只是范冉谢绝了邻居的好意。侍御史杜林与马援是老乡,"素相亲厚"。马援征南方返还时,杜林的马死了。马援令其子牵一匹马送给杜林,说:"朋友有车马之馈,可且以备乏。"几个月后,杜林遣其子奉书答谢马援:"将军内施九族,外有宾客,望恩者多。林父子两人食列卿禄,常有盈,今送钱五万。"③ 琅琊姑幕人承宫,自幼丧父,"年八岁为人牧豕"。同乡徐子盛"以《春秋经》授诸生数百人,宫过息庐下,乐其业,因就听经,遂请留门下",徐子盛让他"为诸生拾薪"。承宫"执苦数年,勤学不倦",回家后以其所学教授乡邻子弟,回报家乡。④ 汉末河内人常林"避地上党,耕种山阿"。时逢旱灾和蝗灾,"(常)林独丰收,尽呼比邻,升斗分之"。⑤

汉代兼爱互助、和睦融洽的邻里关系的形成,主要有以下三点原因:

第一,优良传统的影响。自古以来,我国就有邻里间和睦相处、互助互济的风尚。"邻"、"里"是我国古代的民间基层组织。"睦乃四邻"⑥是古代处理邻里关系的一项道德准则。《周礼》记载:"令五家为比,使之相保;五比为闾,使之相受;四闾为族,使之相葬;五族为党,使之相救;五党为州,使之相赒。"郑玄注:"此所以劝民者也。"⑦《孟子》提到:"乡田同井,出入相友,守望相助,疾病相扶持。"⑧《诗经·谷风》有"凡民有丧,匍匐救之"⑨的说法,描述了当时一位普通妇女在邻里遭遇凶祸时尽力帮助的生动事例。这种团结互助的精神风尚在汉代得到了继承和发展。

第二,汉代统治者重视构建融洽、和谐的邻里关系。如刘邦入咸阳时,

---

① 《后汉书》卷二六《伏侯宋蔡冯赵牟韦传》,第893~894页。

② 《后汉书》卷八一《独行列传》李贤注引袁宏《后汉纪》,第2689~2690页。

③ 《后汉书》卷二七《宣张二王杜郭吴承郑赵列传》李贤注引《东观记》,第936页。

④ 《后汉书》卷二七《宣张二王杜郭吴承郑赵列传》,第944页。

⑤ 《三国志》卷二三《魏书·和常杨杜赵裴传》,第659页。

⑥ (宋)陈经:《尚书详解》卷三七《周书》,中华书局1985年版,第417页。

⑦ 《周礼注疏》卷十,第367页。

⑧ 杨伯峻、杨逢彬注译:《孟子》,岳麓书社2000年版,第85页。

⑨ 唐莫尧译注:《诗经新注全译》,巴蜀书社2004年版,第74页。

"与父老约,法三章耳:杀人者死,伤人及盗抵罪"。裴骃《集解》引张晏曰:"秦法,一人犯罪,举家及邻伍坐之,今但当其身坐。"①这一规定除去了秦代一人犯罪殃及亲邻的做法,客观上有利于缓解和改善邻里关系。高帝二年(前205年),"举民年五十以上,有修行,能帅众为善,置以为三老,乡一人。择乡三老一人为县三老"②。高后时,又置孝悌、力田,其职责就是"劝导乡里,助成风化"③。维护和谐的邻里关系是达到教化社会的重要内容,而三老、孝悌、力田的设置不仅体现了汉代敬老、顺孝、重农的思想,也体现了统治者对维护良好邻里关系的重视。武帝时期儒学取得统治思想地位后,"儒学思想逐步渗入政治运转的各个环节。统治阶级提倡以孝、仁为核心的道德自律,在三老、五更、孝悌、力田等乡官系统以及循吏的大力宣教之下,日渐成为维系邻里关系的价值准则"④。

另外,一些官员也强调要多关注邻里关系。成帝时,左冯翊薛宣发现贼曹掾张扶在官吏休假日"独不肯休,坐曹治事"。薛宣教导他:"盖礼贵和,人道尚通。日至,吏以令休,所繇来久。曹虽有公职事,家亦望私恩意。掾宜从众,归对妻子,设酒肴,请邻里,壹笑相乐,斯亦可矣。"⑤薛宣要求张扶在休假日与家人团聚,与邻里"壹笑相乐",以融洽彼此关系。张扶闻之惭愧,众官员都认为薛宣说的有道理。

第三,有现实的需要。"远亲不如近邻","远水救不了近火",邻里间的守望相助,有利于抵御各种灾害。另外,汉代农业生产技术(代田法和耦犁法)的改进和推广及人口的不平衡发展,使得乡邻之间往往需要互助才能完成农作。可以说,汉代脆弱的小农经济和频繁的自然灾害等客观因素,起到了密切其时邻里关系的重要作用。

---

①　《史记》卷八《高祖本纪》,第362~363页。

②　《汉书》卷一《高帝纪》,第33页。

③　《后汉书》卷二《显宗孝明帝纪》李贤注,第97页。

④　臧知非:《秦汉里制与基层社会结构》,《东岳论坛》2005年第6期。

⑤　《汉书》卷八三《薛宣朱博传》,第3390页。

第七章　两汉社会救济的特点比较

虽然东汉政权是西汉政权的延续,但是两汉的社会救济在实际操作中仍有一定的区别。

一、东汉更重视优恤残疾人

在西汉,关于社会救济的诏书,只有武帝元狩六年(前 117 年)有提到"废疾"一词,而在东汉救济弱势群体的诏书中,几乎都有"笃癃"一词。现根据《后汉书》各帝纪和《东汉会要》卷二八、二九、三十提供的资料进行统计,统计如表 7-1 所示。

表 7-1　东汉救济对象及赐物标准表

帝王	年 代	救济对象	赐物及标准	史料来源
光武帝	建武元年(25 年)春正月辛酉	高年、鳏、寡、孤、独及笃癃、无家属贫不能自存者	给禀,如《律》	卷一《光武帝纪》第 47 页
	建武二十九年(53年)二月庚申	鳏、寡、孤、独、笃癃、贫不能自存者	赐粟,人五斛	卷一《光武帝纪》第 80 页
	建武三十年(54年)五月	鳏、寡、孤、独、笃癃、贫不能自存者	赐粟,人五斛	卷一《光武帝纪》第 81 页
	建武三十一年(55年)五月	鳏、寡、孤、独、笃癃、贫不能自存者	赐粟,人六斛	卷一《光武帝纪》第 81 页

续表

帝王	年　代	救济对象	赐物及标准	史料来源
汉明帝	中元二年（57 年）夏四月丙辰	鳏、寡、孤、独、笃癃	赐粟，人十斛	卷二《显宗孝明帝纪》第 96 页
	永平三年（60 年）二月甲子	鳏、寡、孤、独、笃癃、贫不能自存者	赐粟，人五斛	卷二《显宗孝明帝纪》第 106 页
	永平十二年（69年）五月丙辰	鳏、寡、孤、独、笃癃、贫无家属不能自存者	赐粟，人三斛	卷二《显宗孝明帝纪》第 115 页
	永平十七年（74年）夏五月戊子	鳏、寡、孤、独、笃癃、贫不能自存者	赐粟，人三斛	卷二《显宗孝明帝纪》第 121 页
	永平十八年（75年）夏四月己未	鳏、寡、孤、独、笃癃、贫不能自存者	赐粟，人三斛	卷二《显宗孝明帝纪》第 123 页
汉章帝	永平十八年（75年）冬十月丁未	鳏、寡、孤、独、笃癃、贫不能自存者	赐粟，人三斛	卷三《肃宗孝章帝纪》第 129 页
	建初三年（78年）三月癸巳	鳏、寡、孤、独、笃癃、贫不能自存者	赐粟，人五斛	卷三《肃宗孝章帝纪》第 136 页
	建初四年（79年）四月戊子	鳏、寡、孤、独、笃癃、贫不能自存者	赐粟，人五斛	卷三《肃宗孝章帝纪》第 137 页
汉和帝	永元三年（91年）冬十月癸未	鳏、寡、孤、独、笃癃、贫不能自存者	赐粟，人三斛	卷四《孝和孝殇帝纪》第 172 页
	永元八年（96年）春二月己丑	鳏、寡、孤、独、笃癃、贫不能自存者	赐粟，人五斛	卷四《孝和孝殇帝纪》第 181 页
	永元十二年（100年）三月丙申	鳏、寡、孤、独、笃癃、贫不能自存者	赐粟，人三斛	卷四《孝和孝殇帝纪》第 187 页
	元兴元年（105年）冬十二月辛未	鳏、寡、孤、独、笃癃、贫不能自存者	赐粟，人三斛	卷四《孝和孝殇帝纪》第 194 页
汉安帝	元初元年（114年）春正月甲子	鳏、寡、孤、独、笃癃、[贫]不能自存者	赐谷，人三斛	卷五《孝安帝纪》第 220 页
	延光元年（122年）三月丙午	鳏、寡、孤、独、笃癃、贫不能自存者	赐粟，人三斛	卷五《孝安帝纪》第 235 页

续表

帝王	年　代	救济对象	赐物及标准	史料来源
汉顺帝	永建元年（126年）春正月甲寅	鳏、寡、孤、独、笃癃、贫不能自存者	赐粟，人五斛	卷六《孝顺孝冲孝质帝纪》第 252 页
	永建四年（129年）春正月丙子	鳏、寡、孤、独、笃癃、[贫]不能自存者	赐帛，[人]一匹	卷六《孝顺孝冲孝质帝纪》第 256 页
	阳嘉元年（132年）春正月乙巳	鳏、寡、孤、独、笃癃、贫不能自存者	赐粟，人五斛	卷六《孝顺孝冲孝质帝纪》第 259 页
汉桓帝	建和元年（147年）春正月戊午	鳏、寡、孤、独、笃癃、贫不能自存者	赐粟，人五斛	卷七《孝桓帝纪》第 289 页

　　产生这种差异性的主要原因是：西汉实行"霸王道杂之"①的治国理念，以致"常有更赋，罢癃咸出"。② 东汉更倾向于"宽厚文治"，如光武帝宽厚，"怀柔百神，惠于鳏寡"③，百姓遭灾，则"恻然愍之"④。明帝"危心恭德"，"恤幼孤，惠鳏寡"⑤。章帝仁厚宽容，爱好儒术。

　　不过，东汉顺帝以前，赏赐残疾人的次数较多。顺帝以后，在救济诏书中几乎无"笃癃"一词，关于赏赐"鳏、寡、孤、独"的诏书也很少。从灵帝开始，就没有对困难群体"致赐"的例子了，大概是因为东汉后期，国力衰微，政局动荡，自然灾害空前严重，封建政府已自身难保了。

二、皇帝所遣使者的身份在前后汉有所变化

　　西汉时，皇帝派遣的使者以博士和谒者为主，以大夫作补充。特别是派遣博士巡行，参与救灾是西汉遣使区别于东汉遣使的一大特点，是西汉政府的一种惯例。因为西汉"自武帝之世起，已采用措施擢用、鼓励博士参与政事，参与统治管理活动"⑥，其与大夫一样，是皇帝的顾问之一。据《汉

---

　　① 《汉书》卷九《元帝纪》，第 277 页。
　　② 《汉书》卷二四《食货志》，第 1143 页。
　　③ 《后汉书》卷二《显宗孝明帝纪》，第 95 页。
　　④ 《后汉书》卷一《光武帝纪》，第 47 页。
　　⑤ 《后汉书》卷二《显宗孝明帝纪》，第 103 页。
　　⑥ 袁士京：《论秦汉博士的职责和考选方式的演变》，《华东师范大学学报》（教育科学版）2002 年第 4 期。

官解诂》载："武帝以中大夫为光禄大夫,与博士俱。以儒雅之选,异官通职,《周官》所谓联者也。"①由于博士之职与大夫之职有通职之处,所以,巡行时,皇帝常让博士、大夫同行。东汉时皇帝不再遣博士而主要是派遣光禄大夫和靠皇帝更近的侍御史、中谒者、常侍指导、监督救济工作。使者的地位相对于西汉来说较高,原因可能是东汉崇儒胜于西汉,博士的职责主要是授经讲学,不再过多参与政事,所以不再有奉使之职。另外,汉武帝时期已经出现中外朝之分,博士、各大夫、谒者都属于外朝官,中谒者、侍御史、常侍属于内朝官。特别是常侍与皇帝的关系极为密切,中常侍的权势大得可怕。② 东汉时期宦官与外戚专权,出于政治斗争的需要,皇帝更加信任身边的近臣,并把他们作为政治斗争的工具。所以,东汉皇帝遣身边的中谒者、侍御史、常侍等出使巡行,指导救灾,既是政治斗争的表现,又显示了对救灾工作监督的重视。不过,皇帝的这些近臣往往没有发挥有效的监督作用,东汉官吏在救灾中怠慢渎职的例子大大多于西汉可以说明这点。甚至有的近臣在救灾中矫情虚饰,盗用赈灾物品,草菅人命。如兴平元年(194 年),献帝派侍御史侯汶调用太仓的米豆以振恤灾民。但是,几天之后,"死者无降"。献帝"疑赋恤有虚,乃亲于御坐前量试作糜,乃知非实",这说明东汉皇帝派遣近臣巡行救灾未能起到如西汉遣使救灾那样的积极作用。

三、在减少皇室开支方面,西汉做得比东汉好

开源与节流对救灾具有同样的作用。节流的措施之一就是减少皇室开支,包括减少宫廷费用、帝王膳食等。如文帝后元六年(前 158 年),"夏四月,大旱,蝗。令诸侯无入贡。弛山泽。减诸服御。损郎吏员"。③ 宣帝本始四年(前 70 年),连年歉收,诏令"太官捐膳省宰,乐府减乐人,使归就农业"。④ 初元元年(前 48 年)六月,发生疾疫,元帝"令大官损膳,减乐府

---

① (唐)欧阳询撰,汪绍楹校:《艺文类聚》,上海古籍出版社 1999 年版,第 888 页。
② 杨鸿年:《汉魏制度丛考》,武汉大学出版社 1985 年版,第 32 页。
③ 《汉书》卷四《文帝纪》,第 131 页。
④ 《汉书》卷八《宣帝纪》,第 245 页。

员,省苑马,以振困乏"①;初元五年(前44年)"令太官毋日杀,所具各减半"②。王莽也提倡遇灾减膳。天凤三年(16年)五月,王莽"下吏禄制度……其用上计时通计,天下幸无灾害者,太官膳羞备其品矣;即有灾害,以什率多少而损膳焉"③。东汉延平元年(106年),"自夏以来,阴雨过节",殇帝诏令:"其减太官、导官、尚方、内署诸服御珍膳靡丽难成之物……"④不过在节减皇室费用方面,东汉施行的次数比西汉少很多,原因可能只有一个:东汉最高统治集团生活上比西汉更奢侈。

四、在减免租税方面,西汉一般是租税并提

如宣帝本始三年(前71年)五月,大旱,诏令遭受严重旱灾的郡国,"民勿出租税";本始四年(前70年),四十九个郡国发生地震,死亡6000多人,宣帝又下诏,"被地震坏败甚者,勿收租赋"。⑤ 元帝初元元年(前48年)夏四月,因"关东今年谷不登,民多困乏",诏令关东各郡国"被灾害甚者毋出租赋。江海陂湖园池属少府者以假贫民,勿租赋"⑥;次年二月,陇西郡地震,"败坏豲道县城郭官寺及民室屋,压杀人众",元帝令"郡国被地动灾甚者无出租赋"⑦。成帝鸿嘉四年(前17年),诏令受灾面积达十分之四以上的郡国,民赀不满三万的,免去当年的田租和以前的欠税⑧。绥和二年(前7年),河南郡、颍川郡发生水灾,哀帝诏令"水所伤县邑及他郡国灾害什四以上,民赀不满十万,皆无出今年租赋"⑨。平帝元始二年(2年),不少郡国发生大旱灾和蝗灾,令"天下民赀不满二万,及被灾之郡不满十万,勿租税"⑩。

---

① 《汉书》卷九《元帝纪》,第280页。
② 《汉书》卷九《元帝纪》,第285页。
③ 《汉书》卷九九《王莽传》,第4142页。
④ 《后汉书》卷四《孝和孝殇帝纪》,第197页。
⑤ 《汉书》卷八《宣帝纪》,第245页。
⑥ 《汉书》卷九《元帝纪》,第279页。
⑦ 《汉书》卷九《元帝纪》,第281页。
⑧ 《汉书》卷十《元帝纪》,第318页。
⑨ 《汉书》卷十一《哀帝纪》,第337页。
⑩ 《汉书》卷十二《平帝纪》,第353页。

东汉减免时，很少租税并提。即使有，也是免田租和刍稿居多。[①] 如建武二十二年（46 年）九月，南阳发生地震，光武帝诏令南阳勿输当年田租、刍稿。[②] 永平十八年（75 年），牛疫，京师及三州大旱，章帝"诏勿收兖、豫、徐州田租、刍稿"。[③] 和帝永元九年（97 年）六月，下诏："今年秋稼为蝗虫所伤，皆勿收租、更、刍稿；若有所损失，以实除之，余当收租者亦半之。"[④]和帝永元十三年（101 年）九月，"令天下半入今年田租、刍稿；有宜以实除者，如故事"[⑤]。和帝永元十四年（102 年）秋七月，"诏复象林县更赋、田租、刍稿二岁"[⑥]。

五、东汉时，宗教（特别是道教）在民间得到了传播

东汉时期，宗教势力在救济方面发挥了一定的作用，这一特点是西汉所不具有的。佛教在西汉末传入中国，东汉时主要为封建统治上层人物所接受。楚王刘英"始信其术，中国因此颇有奉其道者。后桓帝好神，数祀浮图、老子，百姓稍有奉者，后遂转盛"[⑦]；笮融"坐断三郡委输以自入"，大兴浮屠祠。"每浴佛，多设酒饭，布席于路，经数十里，民人来观及就食且万人，费以巨亿计。"[⑧]救济对象一般为贫苦大众。东汉中后期，道教在民间，特别是在巴蜀地区得到了广泛传播。张鲁"据汉中，以鬼道教民，自号师君……诸祭酒皆作义舍，如今之亭传。又置义米肉，悬于义舍，行路者量腹取足"[⑨]。

---

①　王文涛：《秦汉社会保障研究——以灾害救助为中心的考察》，中华书局 2007 年版，第 89 页。

②　《后汉书》卷一《光武帝纪》，第 74 页。

③　《后汉书》卷三《肃宗孝章帝纪》，第 132 页。

④　《后汉书》卷四《孝和孝殇帝纪》，第 183 页。

⑤　《后汉书》卷四《孝和孝殇帝纪》，第 188 页。

⑥　《后汉书》卷四《孝和孝殇帝纪》，第 190 页。

⑦　《后汉书》卷八八《西域传》，第 2922 页。

⑧　《三国志》卷四九《吴书·刘繇太史慈士燮传》，第 1185 页。

⑨　《三国志》卷八《魏书·二公孙陶四张传》，第 263 页。

第八章　汉代社会救济的历史启示

两汉时期是中国社会救济史上一个新的发展时期,虽然这一时期的社会救济体系与现代意义上的社会保障制度有本质的不同,但其思想精髓和制度为后世所传承,促进了中国传统社会救济思想和救济制度的发展,为当前我国完善防灾减灾制度和社会保障制度提供了有益的参考和借鉴。

一、完善救灾制度,提高救灾效率

救灾效果取决于制度是否完善。两汉时期,自然灾害频发,为巩固封建政权,政府很重视救灾工作。首先,制定了赈灾的标准。如成帝鸿嘉四年(前17年)、绥和二年(前7年)都根据受灾面积和灾民的资产,进行不同程度的减免租赋。其次,整顿吏治。针对救灾不力或失职渎职的官员,皇帝屡下诏令训斥,甚至强调"若复有犯者,二千石先坐"[1]。不过,由于历史条件的限制,汉代的荒政制度还有很多不足之处,没有形成完整统一的救灾制度,没有设置专事救灾的机构,只有兼管救灾事务的官员。当灾害发生时,多以遣使巡行赈济和慰问的形式进行救灾,或临时派遣谒者、博士、谏大夫、太中大夫、御史掾等巡行地方。另外,政府过分依赖禳灾活动,往往错失救灾的最佳时机。当前,我国自然灾害仍然频发,但是时局已发生了重大变化,生产力水平已有很大的发展,完全有必要有能力进一步完善救灾制度,提高救灾的效率。2017年1月,中共中央、国务院印发《中共中央、国务院关于推进防灾减灾救灾体制机制改革的意见》,对我国防灾减灾救灾体制机制改革作了全新部署,突显了推进我国综合防灾减灾救灾能力

---

[1]　《后汉书》卷四《孝和孝殇帝纪》,第175页。

建设的壮志雄心。今后,我国应该着力从以下三方面推进防灾减灾救灾体制机制改革:首先,强化政府主体责任,完善灾害救助体系。各级政府要以切实保障人民群众的生命财产为己任,"坚持分级负责、属地管理为主。坚持党委领导、政府主导、社会力量和市场机制广泛参与","对达到国家启动响应等级的自然灾害,中央发挥统筹指导和支持作用,地方党委和政府在灾害应对中发挥主体作用,承担主体责任。省、市、县级政府要建立健全统一的防灾减灾救灾领导机构,统筹防灾减灾救灾各项工作"。[①] 其次,完善法律法规,调整应急响应机制。建立完备的奖惩和保障机制,对因玩忽职守而导致重大损失和人员伤亡的部门及相关人员要严格依法追究责任,对在防灾减灾救灾工作方面做出突出贡献的单位及个人给以奖励和抚恤。[②]最后,构建政府与社会力量协同互动机制。民间救济是社会救助体系的重要补充。长期以来,民间力量在我国社会救助过程中发挥着重要的作用。当前,专业人员缺乏、经费不足是我国社会救助工作面临的主要问题。政府应进一步提供灵活有效的具体措施,鼓励和推进社会力量参与到社会救助中来。

二、健全法律体系,弘扬孝善文化

首先,完善相关法律法规,保障老年人权益。汉代对不孝罪(如弃养父母或赡养不周、殴辱父母、诬告父母、守丧违礼等)的惩罚极为严厉,触犯者甚至有可能被杀头。《二年律令·户律》就明文规定,如果孙子不能好好地赡养老人,就会被政府强制赶出家门。据"董仲舒决狱"可知,如有殴父行为,应当斩首。这种把"孝"纳入国家法律,通过严刑酷法强制人们遵守家庭伦理道德规范的做法,对后世封建法制的影响比较深远。它不仅促进了封建家庭之稳定,而且也强有力地维护了古代"家国一体"的封建社会秩序。目前,我国正进入老龄化社会,老年人口达 2 亿多,其中有一半过着"空巢"生活。子女由于工作、学习、结婚等原因而离家后,独守"空巢"的中老年夫妇往往无人照料,缺乏精神赡养,权益得不到应有的保障。我国已

---

① 《中共中央、国务院关于推进防灾减灾救灾体制机制改革的意见》,http://news.xinhuanet.com/politics/2017-01/10/c_1120284051.htm,下载日期:2017 年 1 月 10 日。

② 郑言、岳宗福:《我国减灾救灾立法模式选择与推进路径研究》,《华北地震科学》2015 年第 2 期。

颁布了《宪法》、《婚姻法》、《老年人权益保障法》（即新老年法）等来保护和落实老年人的权益。其中,新老年法从 1996 年版的《老年人权益保障法》6章 50 条扩展到 9 章 86 条,新增 36 条、修改 38 条。其中最引人关注的,就是把"常回家看看父母"作为条款写进了法律,强调给予老人更多精神关怀。新老年法在"精神慰藉"一章中规定,"家庭成员不得在精神上忽视、孤立老年人",特别强调"与老年人分开居住的赡养人,要经常看望或者问候老人",以后子女不"经常"回家看望老人,老人可以诉诸法律。不过执行起来具有一定的难度,在现实生活中,不少老年人的权益得不到保障,被遗弃、被虐待等现象时有发生,这就要求政府加强执法力度,确保法律条文的实施,以保障老年人的权益。

其次,强调政府和社会组织责任,完善养老保障制度。社会保障制度是实现社会和谐的重要条件,是社会公平的调节器。建立和完善养老保障制度是改善民生,促进经济社会发展,维护社会稳定的重大举措。尽管汉代乃至中国古代的养老制度是建立在宗法关系之上的,具有很大的局限性,但是它对保障老年人的基本生活起到了积极的作用。当前,随着我国全面深化改革的推进和社会经济的发展,出现了利益分配不均、收入差距过大的不和谐现象,造成了社会不稳定的因素,如何解决农村养老问题已经成为国家、社会和家庭面临的一个重大问题,资金是制约农村养老保障发展的最主要因素。为构建社会安全网,国家有必要总结历史的经验和教训,结合现阶段中国农村养老问题的实际,进一步增加财政投入,建立相应的社会保险和医疗保险体系,健全保障农村老年人基本生活的农村养老制度。同时各级政府还应该建设更多的敬老院等社会福利设施,提供给老年人更好的生活与养老环境。通过政策引导,拓宽筹集养老资金的渠道,积极鼓励非营利性老年公寓建设,并积极开展各项有益的老年活动,以丰富老年人的精神生活。

最后,大力弘扬优秀"孝"文化。"孝"是中华民族传统美德,也是社会主义核心价值体系的重要内容。"孝"文化在中国有着深厚的根基,其中孝敬父母、团结友爱、报效祖国等积极思想和精神与社会主义核心价值体系是一致的。汉代为配合"三纲五常"的说教,维护宗法等级制度而重视尊老教育,推行并强化"孝"道。皇帝率先垂范,号召民众尽"孝",如对孝敬老人者赐官、赏赐钱帛、免除赋役等,而且给予旌表其门,树为道德典型的精神奖励。通过此举把孝悌观念普及到各个阶层,使之成为人们的价值标准,这在很大程度上对民众起到了教化的作用。这对于当时维护家庭的和睦、社会的稳定与发展都起到了积极的作用。现代社会变化使家庭关系发生了很大变化。一方面,父权衰落,老年人在家庭中的地位有被边缘化的趋势,成为弱势群体。受个人主义、拜金主义和享乐主义等不良风气的影响,家庭养老出现道德危机,遗弃甚至虐待老人的现象时有发生。另一方面,农村的就业方式多样化,空巢家庭的数量日益增多。尽管赡养功能由社会承担是大势所趋,政府要承担养老的主要职责,但是随着人口老龄化的加快,我国还不具备赡养如此规模老年群体的条件,而家庭养老最具温情,因而,家庭养老是我国在很长一段时间内解决养老问题的最佳选择。这就需要国家和政府采取多种政策与措施,倡导全社会形成尊老养老的良好风尚,以推进社会主义核心价值体系和社会主义先进文化建设。

三、明确宗族社会职能,引导宗族良性发展

宗族一直是经济社会不可忽视的力量,由于封建生产力落后和阶级对立等因素,农村宗族势力一直承担着救助族人的义务。两汉时期收族的重要内容之一就是宗族内部的赈济。一些富裕族员把钱粮、布帛甚至田宅分给贫困族员。族长的职责之一就是负责收族、协调族员之间的关系,这是宗族得以生存和发展的重要内容,也是宗族得以长期存在的社会合理性。当前,宗族救济具备特殊的救济职能。首先,宗族的救济功能可以弥补我国目前农村社会保障的缺陷。由于目前我国农村小农经济还普遍存在,经济比较落后,公共服务体系尚未完善,不少农村各级组织薄弱。农村的社会保障在资金支持、技术引导、贫困助学、抚孤赡老等方面,离不开族人的支持。宗族的这种救助功能不仅弥补了当前我国农村社会保障体系的欠缺,减轻了社会压力,也有利于促进农村社会的稳定和经济繁荣。因此,宗族自然就担负起了目前社会体制无法承担的某些救助功能。可以说,当宗族成员陷入困境时,"向血缘关系的求助比例和血缘关系的施助比例均是最高的"[①]。其次,宗族内的互助合作,对我国农村民主进程起到了一定的推动作用。两汉时期,宗族是一个政治互保的单位。在西汉末和东汉末,

---

① 肖业炎:《对宗族势力与农村稳定的思考》,《山东警察学院学报》2001 年第 3 期。

灾害和战争不断,造成大量人口死亡,因此,不少宗族为维持族人的生存利益,修建坞堡,实行自卫。此举成为团聚族众的重要举措。当前,宗族也可以成为建设基层民主的有效组织资源。农民阶层处于社会权力的最底层,农民群众的利益比较容易受到一些腐败势力的侵害。号召宗族内部团结互助,维护本族共同利益,是宗族最基本的职责。这一职责的发挥,对农村基层政权可起到某种程度的监督作用,客观上既对农民能起到一定的保护作用,对农村的民主化进程也起到一定的促进作用。

当然,宗族的互助互保职能增强了族内的凝聚力,但同时也形成了一股离心力,这股力量不可避免地与中央或地方政权发生冲突,对农村社会的稳定具有消极的作用。因此,我们既要积极发挥宗族对农村政治稳定的积极作用,以平和的心态引导其健康发展,又要采取策略消除其不利因素,建立健全农村社会保障制度以削弱宗族的影响力。当前,要着重完善农村合作医疗保障制度、农村社会养老保险制度、农村最低生活保障制度等最基本的社会保障制度,这对克服宗族的消极影响,保证农村社会的稳定至关重要。

结　语

　　"凡治国之道，必先富民。民富则易治也，民贫则难治也。"①汉代灾害不断，民众普遍贫困，统治者为贫困的社会成员提供救济，以维护社会稳定，这是国家或政府的自救行为，是"一种国家安全机制"②。

　　汉代是继秦之后的大一统王朝，处于时代大变革之中，社会救济也随着时代的发展而发展。这一时期，为了加强灾害救济的管理，提高救灾效率，汉政府常常遣使巡行，以督促地方官吏救灾，指导救灾工作，并制定了相应的奖惩措施，以保证救灾工作的顺利进行。汉代社会救济的内容是比较丰富的。为防范天灾人祸所带来的饥荒，汉政府建立了完善的仓储制度。当灾害发生时，汉政府采取了赈济粮食、假田或赐田予民、减免租税、以工代赈等有效措施来安置灾民。节源与开流同样重要。汉代一些皇帝还以身垂范，带头节减费用，并要求上至百官下至平民百姓都要节省开支。这些措施对稳定社会秩序、灾后恢复生产起到了重要的作用。除了灾害救济，汉政府还重视在非灾害时期对弱势群体实施救济，残疾人、妇女、儿童、老人、一般的贫困民众等是汉代弱势群体的主要成员，汉政府都采取了相应的救济措施，为他们提供了最低的生存条件。但是在具体实施救济的过程中，常常出现与制度相悖的做法。此外，汉政府还对贫困的官吏、士人等特殊阶层实施救济，其措施有提高俸禄、赐爵、赐钱物、免除徭役等。以上救济的内容已经奠定了后世及现代社会救济的雏形。在《西汉会要》和《东

---

　　①　（春秋）管仲著，刘柯、李克和译注：《管子译注》，黑龙江人民出版社2003年版，第313页。

　　②　张文：《宋朝社会救济研究》，西南师范大学出版社2001年版，第7页。

汉会要》中,民政的内容总共达二十六项,①民政内容之丰富可见一斑,这体现了汉政府对救灾济贫事务的重视。后世的救济制度基本沿用汉代的这一模式,并进一步创新。另外,值得一提的是民间力量开始参与社会救济。先秦时期,各诸侯国出于拉拢民众,增强自身实力的政治目的,对贫困的民众进行一定的社会救济,但民间力量很少参与其中。秦汉以降,鉴于有限的财力和频繁的自然灾害,政府不得不求助社会的力量来分担社会救济的责任,这一责任开始分化到民间社会。宗族组织、民间互助团体、宗教势力和个人慈善行为等是当时民间社会救济的主要力量。由此,不少本该由政府承担的救济之责,往往由这些力量承担起来,弥补政府救济财力不足的缺陷。而相关的后果是宗族大姓或豪强乘机拉拢民众,增强农民对这些组织的依附性,形成对政府的离心力,成为割据一方的势力,最后导致东汉王朝的崩溃。所以,汉以后各代王朝在借用民间力量进行社会救济的同时,又加强了对民众的控制。

尽管汉代的社会救济制度还有很多不足,效能比较低下,与现代社会救助和社会保障制度有本质的区别,但我们不能因此否认汉代社会救济制度的积极意义。自古至今,整个人类社会救济制度都有不足之处,到目前为止,没有哪一个国家能充当"救世主"的角色,从根本上解决贫困问题。因此,我们只有对中国乃至世界的各个历史时期的救济制度进行认真的总结,加以批判地吸收,才能为我国现代社会保障制度的发展与完善提供有益的借鉴。

本书提出了一些独到的见解。如两汉时期的自然灾害次数至少达609次;限田是汉代贫困救济的重要手段;两汉社会救济在优恤残疾人、遣使救灾、减少皇室开支、减免租税等方面具有不同的特点等等。但是也有不足之处,有些问题(如灾害救济的措施、养老制度)在前人研究的基础上,作了进一步研究,但尚不够深入。由于材料很少,有些观点的论证属于孤证(如救灾财政的管理)。由于史料记载比较简略或者缺失的因素,本书无法对汉代不同时期的社会救济进行更加深入的分析和比

---

① 《西汉会要》与《东汉会要》所列的民政内容有所不同。《西汉会要》为12条,《东汉会要》为18条,总共30条。扣除重复的四项:户口、复除、置三老、赐孝悌力田,民政内容为26项。《西汉会要》把荒政、振贷、释逋贷三项归于食货部分,而《东汉会要》把振贷、释逋贷并入荒政部分。

较,这也是目前学界研究汉代社会救济存在的一大不足。另外,乞丐①也是汉代弱势群体的组成部分,对他们有否实施救济？若有,是如何进行救济的？对这方面由于史料缺乏记载,只好暂付阙如,候待来日发掘出材料时,再做补充阐述了。

---

　　①　此处"乞丐"是指一般意义上的乞丐,并非指由流民演变成的"乞丐"。汉代流民与"乞丐"有千丝万缕的关系。有些流民可能成为乞丐,但成千上万流动(有的多是结伙流动)的人群的乞食和一般意义上的乞丐是有区别的。由流民演变来的乞丐很大一部分不是长期从事行乞的,当政府授之粮食、田宅等生产生活资料时,又会恢复行乞前的身份。

参考文献

一、古籍

[1]黄寿祺、张善文译注:《周易译注》,上海古籍出版社 2007 年版。

[2]聂石樵主编,雒三桂、李山注:《诗经新注》,齐鲁书社 2000 年版。

[3](宋)陈经:《尚书详解》,中华书局 1985 年版。

[4](汉)郑玄注,(唐)贾公彦疏,彭林整理:《周礼注疏》,上海古籍出版社 2010 年版。

[5]张闻玉译注:《逸周书全译》,贵州人民出版社 2000 版。

[6](汉)郑玄注,(唐)孔颖达正义,吕友仁整理:《礼记正义》,上海古籍出版社 2008 年版。

[7](清)孙希旦撰,沈啸寰、王星贤点校:《礼记集解》,中华书局 1989 年版。

[8]杨伯峻编著:《春秋左传注》,中华书局 1990 年版。

[9](春秋)管仲著,刘柯、李克和译注:《管子译注》,黑龙江人民出版社 2003 年版。

[10]吴则虞:《晏子春秋集释》,中华书局 1962 年版。

[11](西汉)刘向集录,(南宋)姚宏、鲍彪等注:《战国策》,上海古籍出版社 2015 年版。

[12]杨伯峻、杨逢彬注译:《孟子》,岳麓书社 2000 年版。

[13]杨坚点校:《吕氏春秋》,岳麓书社 2006 年版。

[14](西汉)刘安著,杨坚点校:《淮南子》,岳麓书社 2006 年版。

[15](西汉)韩婴撰,许维遹校注:《韩诗外传集释》,中华书局 1980 年版。

[16](西汉)董仲舒:《春秋繁露》,上海古籍出版社1989年版。

[17](西汉)司马迁:《史记》,中华书局1959年版。

[18]王利器:《盐铁论校注》,天津古籍出版社1983年版。

[19](东汉)班固:《汉书》,中华书局1962年版。

[20](东汉)班固:《白虎通德许》,上海古籍出版社1990年版。

[21](东汉)刘珍撰,吴树平校注:《东观汉记校注》,中州古籍出版社1987年版。

[22](东汉)王充撰,北大历史系《论衡》注释小组注释:《论衡注释》,中华书局1979版。

[23](东汉)许慎撰,段玉裁注:《说文解字注》,中州古籍出版社2006年版。

[24]缪桂龙选译:《四民月令选读》,农业出版社1984年版。

[25]王明编:《太平经合校》,中华书局1960年版。

[26](刘宋)范晔:《后汉书》,中华书局1965年版。

[27](西晋)陈寿:《三国志》,中华书局1959年版。

[28](东晋)常璩著,汪启明、赵静译注:《华阳国志译注》,四川大学出版社2007年版。

[29](北魏)郦道元著,羽丰编:《水经注》,远方出版社2005年版。

[30]缪启愉、缪桂龙:《齐民要术译注》,上海古籍出版社2006年版。

[31](唐)李隆基注,(宋)邢昺疏,邓洪波整理:《孝经注疏》,北京大学出版社2000年版。

[32](唐)杜佑:《通典》,中华书局1984年版。

[33](唐)李延寿:《北史》,中华书局1974年版。

[34](唐)欧阳询撰,汪绍楹校:《艺文类聚》,上海古籍出版社1999年版。

[35]钱大群:《唐律疏义新注》,南京师范大学出版社2007年版。

[36](北宋)王钦若:《册府元龟》,台湾中华书局1996年版。

[37](北宋)李昉等:《太平御览》,中华书局1960年版。

[38](北宋)洪适:《隶释隶续》,中华书局1985年版。

[39](南宋)徐天麟:《西汉会要》,上海人民出版社1977年版。

[40](南宋)徐天麟:《东汉会要》,上海古籍出版社2006年版。

[41](元)马端临:《文献通考》,中华书局 1986 年版。

[42](明)李贽评纂:《史纲评要》,中华书局 1974 年版。

[43](明)邱浚:《大学衍义补》,京华出版社 1999 年版。

[44](清)朱骏声:《说文通训定声》,中华书局 1984 年版。

[45](清)赵翼:《廿二史札记》,中国书店 1987 年版。

[46](清)阮元校刻:《十三经注疏》,中华书局 1980 年版。

[47](清)王先谦:《后汉书集解》,中华书局 1984 年版。

[48](清)严可均辑:《全后汉文》,商务印书馆 1999 年版。

[49](清)汪文台辑,周天游校:《七家后汉书》,河北人民出版社 1987 年版。

二、考古资料

[1]睡虎地秦墓竹简整理小组:《睡虎地秦墓竹简》,文物出版社 1978 年版。

[2]杨鸿年:《汉魏制度丛考》,武汉大学出版社 1985 年版。

[3]谢桂华、李均明、朱国炤:《居延汉简释文合校》,文物出版社 1987 年版。

[4]甘肃省博物馆等编:《居延新简》,文物出版社 1990 年版。

[5]连云港市博物馆编:《尹湾汉墓简牍综论》,科学出版社 1992 年版。

[6]高文:《汉碑集释》,河南大学出版社 1985 年版。

[7]胡平生、张德芳编撰:《敦煌悬泉汉简释粹》,上海古籍出版社 2001 年版。

[8]何双全:《简牍》,敦煌文艺出版社 2004 年版。

[9]张家山二四七号汉墓竹简整理小组:《张家山汉墓竹简》,文物出版社 2006 年版。

三、专著

[1]冯柳堂:《中国历代民食政策史》,商务印书馆 1934 年版。

[2]侯外庐:《汉代社会史绪论》,北京师范大学历史系 1950 年版。

[3]历史研究编辑部编:《中国古代史分期问题讨论集》,三联书店 1957 年版。

［4］马世骏等：《中国东亚飞蝗蝗区的研究》，科学出版社1965年版。

［5］瞿宣颖纂辑，戴维校点：《中国社会史料丛钞》，湖南教育出版社2009年版。

［6］范文澜：《中国通史简编》（第二册），人民出版社1953年版。

［7］陈梦家：《汉简缀述》，中华书局1980年版。

［8］吕思勉：《吕思勉读史札记》，上海古籍出版社1982年版。

［9］马大英：《汉代财政史》，中国财政经济出版社1983年版。

［10］刘志远等编著：《四川汉代画像砖与汉代社会》，文物出版社1983年版。

［11］顾功叙主编：《中国地震目录（公元前1831—公元1969年）》，科学出版社1983年版。

［12］俞森：《常平仓考》，中华书局1985年版。

［13］陈直：《居延汉简研究》，天津古籍出版社1986年版。

［14］杨树达：《汉代婚丧礼俗考》，上海文艺出版社1988年版。

［15］俞伟超：《中国古代公社组织的考察——论先秦两汉的单—僤—弹》，文物出版社1988年版。

［16］中国社会科学院历史研究所资料编纂组编：《中国历代自然灾害及历代盛世农业政策资料》，农业出版社1988年版。

［17］吴忠良、刘宝城编著：《地震学简史》，地震出版社1989年版。

［18］曾延伟：《两汉社会经济发展史初探》，河南大学出版社1989年版。

［19］林甘泉主编：《中国封建土地制度史》，中国社会科学出版社1990年版。

［20］江亮演：《社会救助的理论与实务》，桂冠图书股份有限公司1990年版。

［21］中国大百科全书总编辑委员会《社会学》编辑委员会：《中国大百科全书·社会学卷》，中国大百科全书出版社1991年版。

［22］李剑农：《中国古代经济史稿》，武汉大学出版社2006年版。

［23］施雅风、黄鼎成：《中国自然灾害灾情分析与减灾对策》，湖北科学技术出版社1992年版。

［24］周国林：《战国迄唐田租制度研究》，华中师范大学出版社1993年版。

[25]周震欧主编:《儿童福利》,巨流图书出版社1993年版。

[26]王子今:《秦汉交通史稿》,中共中央党校出版社1994年版。

[27]陶毅、明欣等:《中国婚姻家庭制度史》,东方出版社1994年版。

[28]王育民:《中国人口史》,江苏人民出版社1995年版。

[29][法]谢和耐著,耿升译:《中国社会史》,江苏人民出版社1995年版。

[30]郑杭生等:《转型中的中国社会和中国社会的转型》,首都师范大学出版社1996年版。

[31]陆德阳、[日]稻森信昭:《中国残疾人史》,学林出版社1996年版。

[32]黄惠贤、陈锋主编:《中国俸禄制度史》,武汉大学出版社1996年版。

[33]马新:《两汉乡村社会史》,齐鲁书社1997年版。

[34]吕思勉:《吕思勉遗文集》,华东师范大学出版社1997年版。

[35]杨宜勇等:《公平与效率——当代中国的收入分配问题》,今日中国出版社1997年版。

[36]葛剑雄主编:《中国移民史》,福建人民出版社1997年版。

[37]金春峰:《汉代思想史》,中国社会科学出版社1997年版。

[38]高文学主编:《中国自然灾害史(总论)》,地震出版社1997年版。

[39]高敏:《秦汉史探讨》,中州古籍出版社1998年版。

[40]邓云特:《中国救荒史》,商务印书馆1998年版。

[41]史凤仪:《中国古代的家族与身份》,社会科学文献出版社1999年版。

[42]李经伟、林昭庚主编:《中国医学通史》,人民卫生出版社2000年版。

[43][日]大庭脩:《汉简研究》,广西师范大学出版社2001年版。

[44]梁其姿:《施善与教化——明清的慈善组织》,河北教育出版社2001年版。

[45]钱穆:《中国历史研究法》,生活·读书·新知三联书店2001年版。

[46]何俊萍:《中国古代妇女与法律研究》,宗教文化出版社2001年版。

[47]张文:《宋朝社会救济研究》,西南师范大学出版社2001年版。

[48]多吉才让:《中国最低生活保障制度研究与实践》,人民出版社2001年版。

[49]宋正海等:《中国古代自然灾异动态分析》,安徽教育出版社2002年版。

[50]王子今等:《中国社会福利史》,中国社会出版社2002年版。

[51]马洪路主编:《中国残疾人社会福利》,中国社会出版社2002年版。

[52]时正新主编:《中国社会救助体系研究》,中国社会科学出版社2002年版。

[53]彭卫、杨振红:《中国风俗通史·秦汉卷》,上海文艺出版社2002年版。

[54]蔡勤禹:《国家社会与弱势群体——民国时期的社会救济(1927—1949)》,天津人民出版社2003年版。

[55]贺昌群:《贺昌群文集》,商务印书馆2003年版。

[56]黄宗智主编:《中国乡村研究》(第一辑),商务印书馆2003年版。

[57]相自成:《中国残疾人保护法律问题史论》,中国法制出版社2003年版。

[58]张敏杰:《中国弱势群体研究》,长春出版社2003年版。

[59]成海军主编:《中国特殊儿童社会福利》,中国社会出版社2003年版。

[60]王卫平、黄鸿山:《中国古代传统社会保障与慈善事业》,群言出版社2004年版。

[61]甘肃省文物考古研究所编:《简牍学研究》,甘肃人民出版社2004年版。

[62]陈业新:《灾害与两汉社会研究》,上海人民出版社2004年版。

[63]孙绍骋:《中国救灾制度研究》,商务印书馆2004年版。

[64]施伟青:《中国古代史论丛》,岳麓书社2004年版。

[65]鲍家麟编著:《中国妇女史论集》,稻乡出版社2004年版。

[66]蔡勤禹:《民间组织与灾荒救治——民国华洋义赈会研究》,商务印书馆2005年版。

[67][日]夫马进:《中国善会善堂史研究》,商务印书馆2005年版。

[68]李建民主编:《生命与医疗》,中国大百科全书出版社2005年版。

[69]吕思勉:《秦汉史》,上海古籍出版社2005年版。

[70]曹明睿:《社会救济法律制度研究》,厦门大学出版社2005年版。

[71]陈桦、刘宗志:《救灾与济贫——中国封建时代的社会救助活动(1750—1911)》,中国人民大学出版社2005年版。

[72]张文:《宋朝民间慈善活动研究》,西南师范大学出版社2005年版。

[73]葛剑雄主编:《中国人口史》,复旦大学出版社2005年版。

[74]牟发松主编:《社会与国家关系视野下的汉唐历史变迁》,华东师范大学出版社2006年版。

[75]周秋光、曾桂林:《中国慈善简史》,人民出版社2006年版。

[76]朱德贵:《汉简与财政管理新证》,中国财政经济出版社2006年版。

[77][日]富谷至著,柴生芳等译:《秦汉刑罚制度研究》,广西师范大学出版社2006年版。

[78]廖伯源:《使者与官制演变——秦汉皇帝使者考论》,文津出版社2006年版。

[79]安作璋、熊铁基:《秦汉官制史稿》,齐鲁书社2007年版。

[80]袁祖亮主编:《中国人口通史》,人民出版社2007年版。

[81]熊铁基:《秦汉文化史》,东方出版中心2007年版。

[82]王文涛:《秦汉社会保障研究——以灾害救助为中心的考察》,中华书局2007年版。

[83]吕思勉:《中国社会史》,上海古籍出版社2007年版。

[84]段伟:《禳灾与减灾:秦汉社会自然灾害应对制度的形成》,复旦大学出版社2008年版。

[85]王文素:《中国古代社会保障研究》,中国财政经济出版社2009年版。

[86]郑功成:《从企业保障到社会保障:中国社会保障制度变迁与发展》,中国劳动社会保障出版社2009年版。

[87]李军:《中国传统社会的救灾:供给、阻滞与演进》,中国农业出版社2011年版。

[88]冯尔康、阎爱民:《宗族史话》,社会科学文献出版社 2012 年版。

[89]骆明、王淑臣:《中华孝文化研究集成(三)历代孝亲敬老诏令律例——先秦至隋唐卷》,光明日报出版社 2013 年版。

[90]杨志刚:《〈孝经〉与孝文化》,人民日报出版社 2014 年版。

[91]蒋积伟:《1978 年以来中国救灾减灾工作研究》,中国社会科学出版社 2014 年版。

[92]陈佳贵、王延中主编:《中国社会保障发展报告"十三五"时期的社会保障 No.7 2015》,社会科学文献出版社 2015 年版。

[93]何章银:《中国救灾外交:1949—2016》,中国社会科学出版社 2016 年版。

[94]郑功成主编:《中国社会保障发展报告》,人民出版社 2016 年版。

[95]华金秋:《救灾资金的筹措、管理与运用问题研究》,首都经济贸易大学出版社 2017 年版。

[96]黄建华:《中国孝文化教育研究》,九州出版社 2017 年版。

[97]王延中主编:《中国社会保障发展报告 No.8 2017 社会保障反贫困》,社会科学文献出版社 2017 年版。

四、论文

[1]黄盛璋:《江陵凤凰山汉墓简牍及其在历史地理研究上的价值》,《文物》1974 年第 6 期。

[2]裴锡圭:《湖北江陵凤凰山十号汉墓出土简牍考释》,《文物》1974 年第 7 期。

[3]广西壮族自治区文物工作队:《广西贵县罗泊湾一号墓发掘简报》,《文物》1978 年第 9 期。

[4]魏良弢:《西汉税、赋、役考释》,《新疆大学学报》(哲学社会科学版)1981 年第 2 期。

[5]宁可:《关于〈汉侍廷里父老僤买田约束石券〉》,《文物》1982 年第 12 期。

[6]李光军:《汉代"医官"考》,《陕西中医学院学报》1983 年第 4 期。

[7]高敏:《论汉代假民公田制的两种类型》,《求索》1985 年第 1 期。

[8]刘延余:《论邻里互助》,《学术交流》1986 年第 2 期。

[9]孙如琦:《西汉流民问题初探》,《青海社会科学》1986 年第 4 期。

[10]罗庆康:《汉代俸禄制度的特点》,《人大报刊复印资料(经济史)》1987 年第 2 期。

[11]杨静婉:《关于汉代"假民公田"与"赋民公田"的几个问题——与高敏先生商榷》,《湘潭大学学报》(哲学社会科学版)1987 年第 2 期。

[12]彭卫:《汉代婚姻关系中妇女地位考察》,《求索》1988 年第 3 期。

[13]任芬:《战国秦汉时期妇女的法律地位》,《中华女子学院学报》1991 年第 1 期。

[14]梁向明:《汉代算赋、口赋及其演变》,《固原师专学报》1991 年第 1 期。

[15]钟兴永:《中国古代退休制度述略》,《娄底师范专科学校学报》1991 年第 3 期。

[16]林甘泉:《"侍廷里父老僤"与古代公社组织残余问题》,《文物》1991 年第 7 期。

[17]丁光勋:《两汉时期的灾荒与荒政》,《历史教学问题》1993 年第 3 期。

[18]刘太祥:《东汉防灾赈灾措施》,《南都学坛》1994 年第 1 期。

[19]李向军:《试论中国古代荒政的产生与发展历程》,《中国社会经济史研究》1994 年第 2 期。

[20]吴忠起:《秦汉仓储思想综述》,《物流技术》1994 年第 2 期。

[21]余谦:《两汉流民问题探微》,《江西师范大学学报》(哲学社会科学版)1994 年第 3 期。

[22]杨俭:《我国秦汉至清末的疫病灾害研究》,《灾害学》1994 年第 3 期。

[23]梁向明:《汉代献费性质辨析》,《固原师专学报》1995 年第 2 期。

[24]张兆凯:《西汉俸禄制度研究》,《中国社会经济史研究》1996 年第 1 期。

[25]范学辉、曾振宇:《论秦汉地方监察系统监察法》,《三峡学刊》1996 年第 3 期。

[26]崔华等:《从汉画中的水旱神画像看我国汉代的祈雨风俗》,《中原文物》1996 年第 3 期。

[27]萧安富:《略论先秦两汉养老敬老的政策和风尚》,《中华文化论坛》1996年第3期。

[28]杨有礼:《秦汉俸禄制度探论》,《华中师范大学学报》(哲学社会科学版)1997年第2期。

[29]陆士桢:《中国古代社会保障典制考评》,《中国青年政治学院学报》1997年第3期。

[30]陈业新:《地震与汉代荒政》,《中南民族学院学报》(哲学社会科学版)1997年第3期。

[31]邵鸿:《西汉仓制考》,《中国史研究》1998年第3期。

[32]刘范弟:《东汉的贪赃有理无害论》,《真理的追求》1998年第6期。

[33]金陵客:《西汉的水灾及其他》,《文史知识》1998年第12期。

[34]张剑光、邹国慰:《略论两汉疫情的特点和救灾措施》,《北京师范大学学报》(人文社会科学版)1999年第4期。

[35]杨振红:《汉代自然灾害初探》,《中国史研究》1999年第4期。

[36]张涛:《对中国传统救灾思想的认识》,《光明日报》1999年6月25日。

[37]赵沛:《试论东汉的赈灾政策》,《河南师范大学学报》(哲学社会科学版)2000年第1期。

[38]刘厚琴:《儒学与汉代生态环境保护》,《齐鲁学刊》1999年第3期。

[39]刘松林:《浅谈我国古代的养老制度》,《文史杂志》1999年第6期。

[40]陈德君:《社区服务与社会互助》,《中国社会保障》1999年第12期。

[41]陈成军:《试谈西汉巡行使者的职能和作用》,《中国历史博物馆馆刊》2000年第1期。

[42]于云瀚:《中国古代城市的社会保障》,《学习与探索》2000年第5期。

[43]李家钊:《两汉政府保障行为述略》,《江南社会学院学报》2000年第2期。

[44]王刚:《西汉荒政与抑商》,《中州学刊》2000 年第 5 期。

[45]刘太祥:《秦汉时期的农业和农村经济管理措施》,《史学月刊》2000 年第 5 期。

[46]张保同:《略论两汉士大夫的异同》,《史学月刊》2000 年第 9 期。

[47]李伟:《两汉流民问题初探》,《兰州大学学报》(社会科学版)2001 年第 1 期。

[48]温乐平:《汉代自然灾害与政府的救灾举措》,《江西师范大学学报》(哲学社会科学版)2001 年第 2 期。

[49]赵夏竹:《汉末三国时代的疾疫、社会与文学》,《中国典籍与文化》2001 年第 3 期。

[50]唐光孝:《从〈养老图〉谈汉代养老、抚孤等民政问题》,《四川文物》2001 年第 4 期。

[51]张为民:《汉代官吏的优抚制度》,《山东师范大学学报》(人文社会科学版)2001 年第 4 期。

[52]贾丽英:《论汉代妇女的家庭地位》,《四川大学学报》(哲学社会科学版)2001 年第 6 期。

[53]王子今:《两汉的沙尘暴记录》,《北京日报》2001 年 12 月 10 日。

[54]陈业新:《两汉荒政初探》,《淮南师范学院学报》2002 年第 1 期。

[55]赫玉建:《汉代旱涝疫灾害在汉画中的反映》,《中原文物》2002 年第 1 期。

[56]施和金:《论中国历史上的蝗灾及其社会影响》,《南京师范大学学报》(社会科学版)2002 年第 2 期。

[57]臧知非:《"王杖诏书"与汉代养老制度》,《史林》2002 年第 2 期。

[58]张文华、胡谦:《汉代救荒对策论略》,《延安大学学报》(社会科学版)2002 年第 3 期。

[59]袭士京:《论秦汉博士的职责和考选方式的演变》,《华东师范大学学报》(教育科学版)2002 年第 4 期。

[60]王卫平:《论中国古代传统社会保障制度的初步形成》,《江海学刊》2002 年第 5 期。

[61]尹建东:《论汉代关东豪族宗族组织的构成特点》,《云南民族学院学报》(哲学社会科学版)2002 年第 5 期。

[62]刘云、张传明:《我国西汉时期的财政上计制度》,《财会月刊》2002年第8期。

[63]王尚义:《两汉时期黄河水患与中游土地利用之关系》,《地理学报》2003年第1期。

[64]许正文:《汉代官吏的休假与退休制度》,《邯郸师范专科学校学报》2003年第2期。

[65]蔡礼彬、宋军令:《试论先秦残疾人的待遇》,《文史杂志》2003年第2期。

[66]刘奉光:《汉简所记敬老制度研究》,《西南政法大学学报》2003年第3期。

[67]薛瑞泽:《汉代疫病流行及救助》,《寻根》2003年第4期。

[68]王君南:《基于救助的社会保障体系——中国古代社会保障体系研究论纲》,《山东大学学报》(哲学社会科学版)2003年第5期。

[69]薛瑞泽:《汉代邻里关系研究》,《上海大学学报》(社会科学版)2003年第5期。

[70]郭东旭、杨高凡:《宋代残疾人法初探》,《史学月刊》2003年第8期。

[71]王绍东:《中国古代最早的传染病防治立法》,《光明日报》2003年10月14日。

[72]张金光:《有关东汉侍廷里父老僤的几个问题》,《史学月刊》2003年第10期。

[73]杨旭东、黄兆宏:《我国古代防治自然灾害的主张及经验述略》,《开发研究》2004年第1期。

[74][韩国]金秉骏:《汉代乡里统治之变迁》,《中华文化论坛》2004年第1期。

[75]杨晓伟:《儒家伦理与中国慈善事业关系初探》,《中共济南市委党校学报》2004年第1期。

[76]贾丽英:《从居延汉简看汉代随军下层妇女生活》,《石家庄师范专科学校学报》2004年第1期。

[77]王卫平:《大同理想与先秦时期的社会保障思想》,《苏州科技学院学报》(社会科学版)2004年第3期。

[78]薛菁:《汉末魏晋复肉刑之议论析》,《东南学术》2004年第3期。

[79]李辉:《试论两汉时期自然灾害的主要特点》,《社会科学战线》2004年第4期。

[80]杨金萍:《汉画像中的养老图考》,《中医文献杂志》2004年第4期。

[81]姚培锋:《两汉选举用人制度述论》,《甘肃社会科学》2004年第4期。

[82]刘太祥:《试论秦汉行政巡视制度》,《郑州大学学报》(哲学社会科学版)2004年第5期。

[83]刘厚琴:《汉代社会保障体制及其特征》,《开封大学学报》2004年第12期。

[84]尹君:《汉唐巡察制度略论》,《青海民族学院学报》(社会科学版)2005年第1期。

[85]刘厚琴:《儒学与汉代社会保障制度》,《孝感学院学报》2005年第1期。

[86]邵正坤:《汉代国有粮仓建置考略》,《首都师范大学学报》(社会科学版)2005年第1期。

[87]段伟:《秦汉社会防灾减灾制度研究》,首都师范大学博士论文,2005年。

[88]甄尽忠:《两汉社会救助思想》,《南都学坛》2005年第4期。

[89]秦进才:《孝经与两汉的孝行》,《河北师范大学学报》(哲学社会科学版)2005年第5期。

[90]郭亚雄:《中国古代社会保障思想及其行为探究》,《江西财经大学学报》2005年第5期。

[91]王宏谋:《汉代尊老养老制度探微》,《重庆工商大学学报》(社会科学版)2005年第6期。

[92]贾丽英:《汉代有关女性犯罪问题论考》,《河北法学》2005年第11期。

[93]杨华:《战国秦汉时期的里社与私社》,《天津师范大学学报》(社会科学版)2006年第1期。

[94]段伟:《汉代公田救灾方式与产权变迁》,《山西大学学报》(哲学社

会科学版)2006年第2期。

[95]王孝俊:《两汉社会保障制度初探》,《河南社会科学》2006年第3期。

[96]冯骊、上官绪智:《汉代军队医疗保障制度初探》,《河南大学学报》(社会科学版)2006年第3期。

[97]朱红林:《汉代"七十赐杖"制度及相关问题考辨》,《东南文化》2006年第4期。

[98]朱德贵:《汉代财政监督研究》,《中国社会经济史研究》2006年第4期。

[99]吴宾:《周、秦、汉、唐时期关中地区自然灾害与粮食安全问题研究》,《气象与减灾研究》2006年第4期。

[100]张艳等:《我国古代宗族组织功能探析》,《安徽农业科学》2006年第4期。

[101]毛阳光:《唐代灾害奏报与监察制度略论》,《唐都学刊》2006年第6期。

[102]朱德贵:《张家山汉简与汉代户赋制度新探》,《学术论坛》2006年第6期。

[103]王文涛:《汉代民间互助保障的主体——宗族互助》,《学术交流》2006年第11期。

[104]叶青:《秦汉时期的财政监督制度与思想》,《财政监督》2006年第11期。

[105]王文涛:《董仲舒社会救助思想探微》,《衡水学院学报》2007年第4期。

[106]王文涛:《汉代尊老养老教育与社会和谐》,《河北师范大学学报》(教育科学版)2007年第4期。

[107]王文涛:《汉代的抗疫救灾措施与疫病的影响》,《社会科学战线》2007年第6期。

[108]王文涛:《论基于救助的汉代社会保障》,《天津师范大学学报》(社会科学版)2010年第3期。

[109]王文涛:《论汉代的社会保障思想》,《苏州大学学报》(哲学社会科学版)2012年第4期。

[110]卜风贤:《两汉时期关中地区的灾害变化与灾荒关系》,《中国农

史》2014 年第 6 期。

[111]潘剑锋、唐艳明:《论两汉时期我国敬老养老体系基本成型》,《湖南社会科学》2015 年第 6 期。

[112]卢升弟:《"养老"画像砖与两汉时期的尊老爱老传统》,《中华文化论坛》2015 年第 1 期。

[113]李俊方:《汉代的赐酺与养老礼》,《兰州学刊》2008 年第 4 期。

[114]吕文静:《论汉代三老制度中的尊老养老传统》,《管子学刊》2010 年第 4 期。

[115]张如栩:《从出土汉简看汉代尊老养老制度》,《黑龙江史志》2010 年第 19 期。

[116]何越:《〈二年律令〉对妇女权益的保护》,《兰台世界》2013 年第 27 期。

[117]黄萍:《刍议防灾减灾文化自觉》,《人民论坛》2013 年第 33 期。

[118]刘洪清:《汉代"养老图"争议》,《中国社会保障》2014 年第 3 期。

[119]崔月琴、孙艺凌:《转型期宗教慈善发展的困境及路径选择》,《思想战线》2014 年第 6 期。

[120]孙薇薇:《农村养老实践中的"功利养老主义"探析》,《广西民族大学学报》(哲学社会科学版)2014 年第 4 期。

[121]黄艺娜:《宗族势力的消长与清初地方秩序的重建——以福建漳州碧溪、玉兰宗族械斗为例》,《福建师范大学学报》(哲学社会科学版)2016 年第 5 期。

[122]唐宗力:《城镇化与农村宗族文化》,《安徽大学学报》(哲学社会科学版)2017 年第 3 期。

后 记

2005年至2008年间，我就读于厦门大学历史系中国古代史专业，并获得历史学博士学位。本书是在我的博士学位论文《关于汉代社会救济的若干问题》基础上修改而成的。在此，对曾经关心支持我的老师和我的家人表示感谢！

首先，感谢我的博导施伟青老师。在这三年，恩师对我悉心教导，关怀备至，让我的求学之路愉快而充实。施老师长期从事东周秦汉史和施琅的研究，具有严谨的治学态度和深厚的理论功底。退休之后，还继续著书立说，担任施琅研究会会长，从事相关研究。施老师爱生如子。我毕业后，施老师还经常在电话中嘘寒问暖，在工作方面给了我很多建议。本书出版前，施老师还提了许多修改意见。点点滴滴，让我毕生难忘！

其次，感谢我的硕导何磊老师。攻读硕士学位期间，何老师时常向我传授治学之道，令我受益至今！

最后，感谢我的家人。在他们最需要我的时候，我却选择了继续读书深造。他们不但没有怨言，反而在经济和精神上给了我莫大的鼓励和帮助。没有他们在背后默默支持，我不可能顺利完成学业。

本书还获得厦门理工学院学术专著出版基金的资助，在此一并感谢！

由于本人愚钝，学艺不深，不能完全领会和采纳导师们提出的修改意见。虽经多次修改，本书仍有诸多不足，今后还需加以完善，诚盼各位专家批评指正！

作者
2017年4月2日